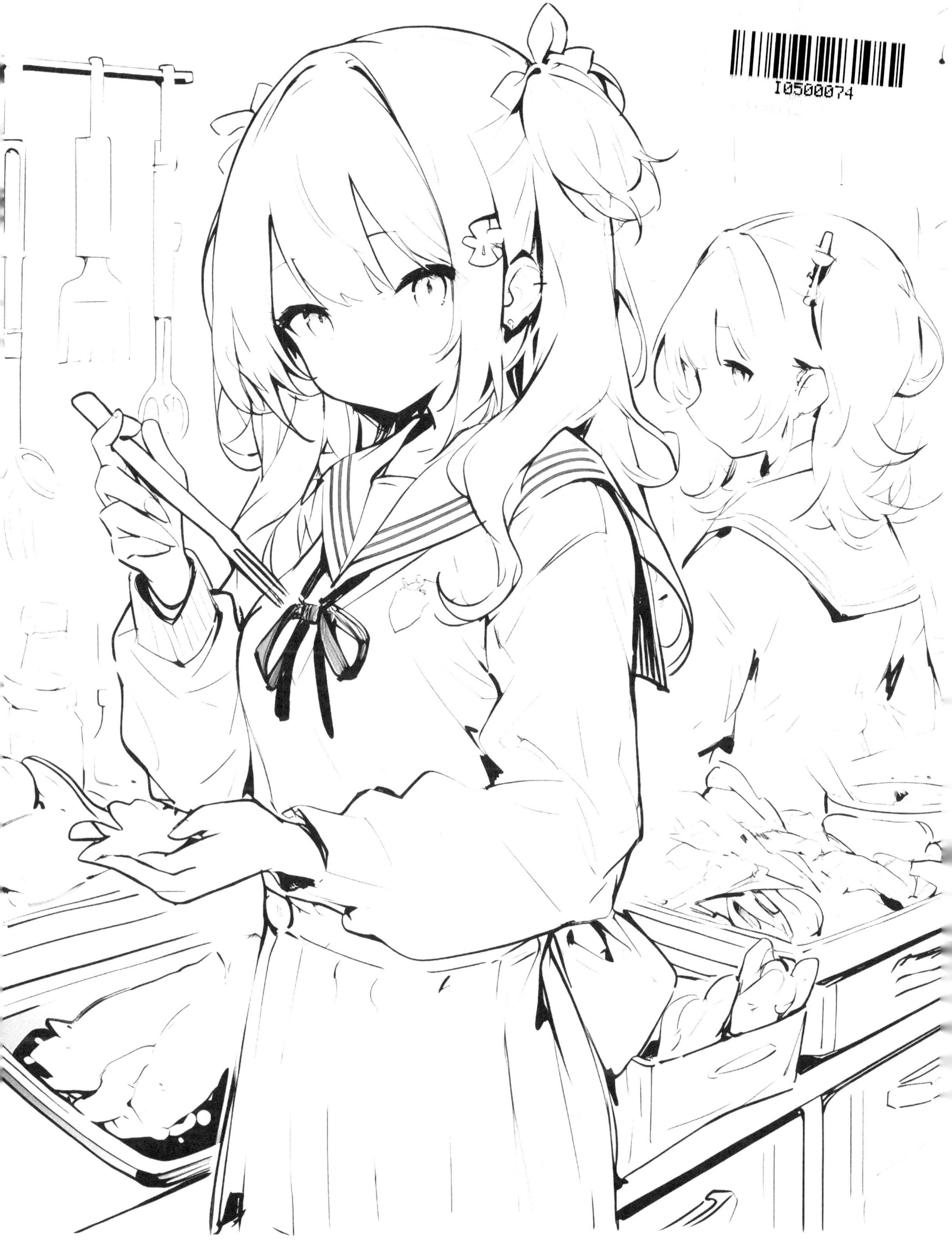

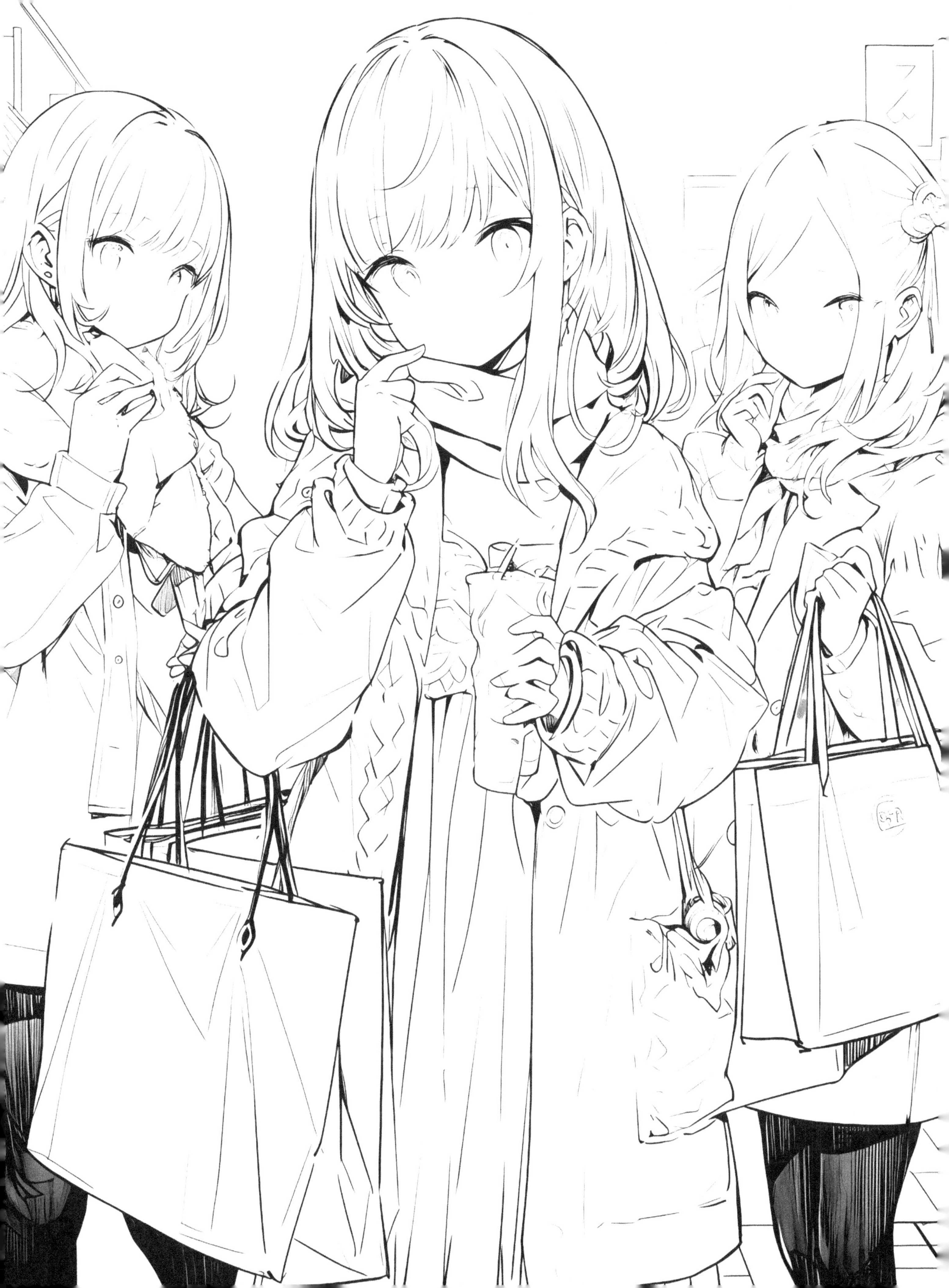

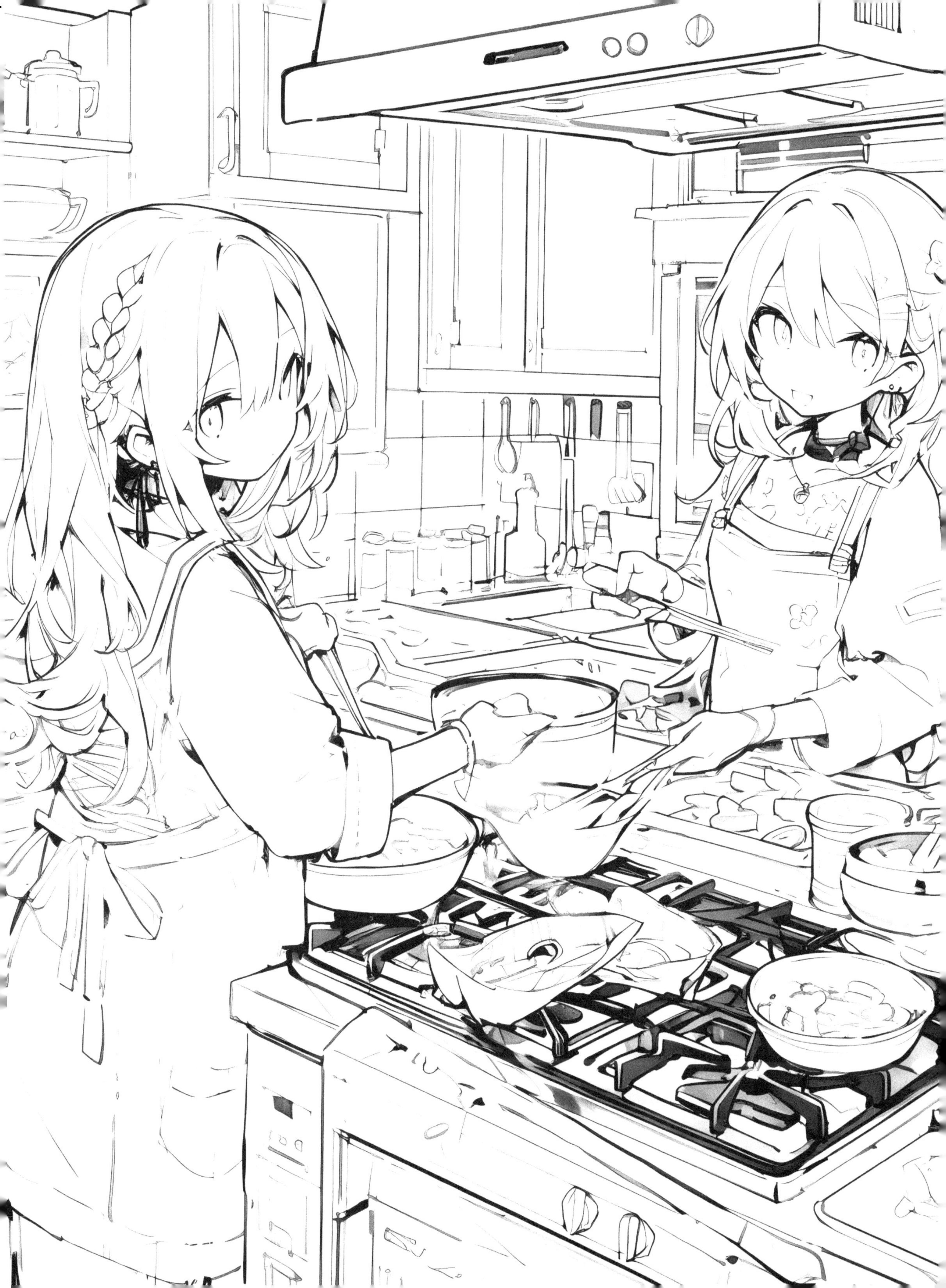

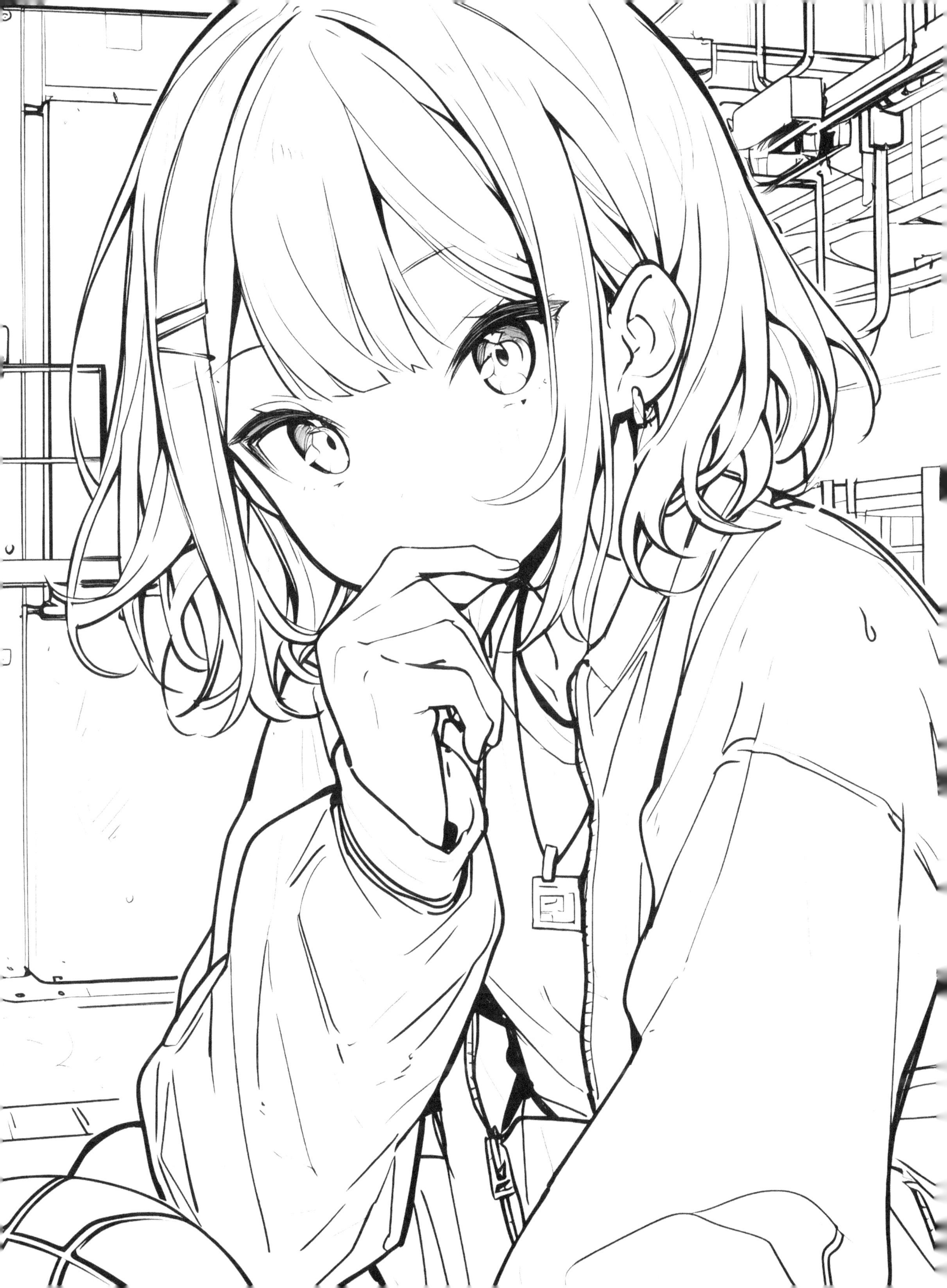

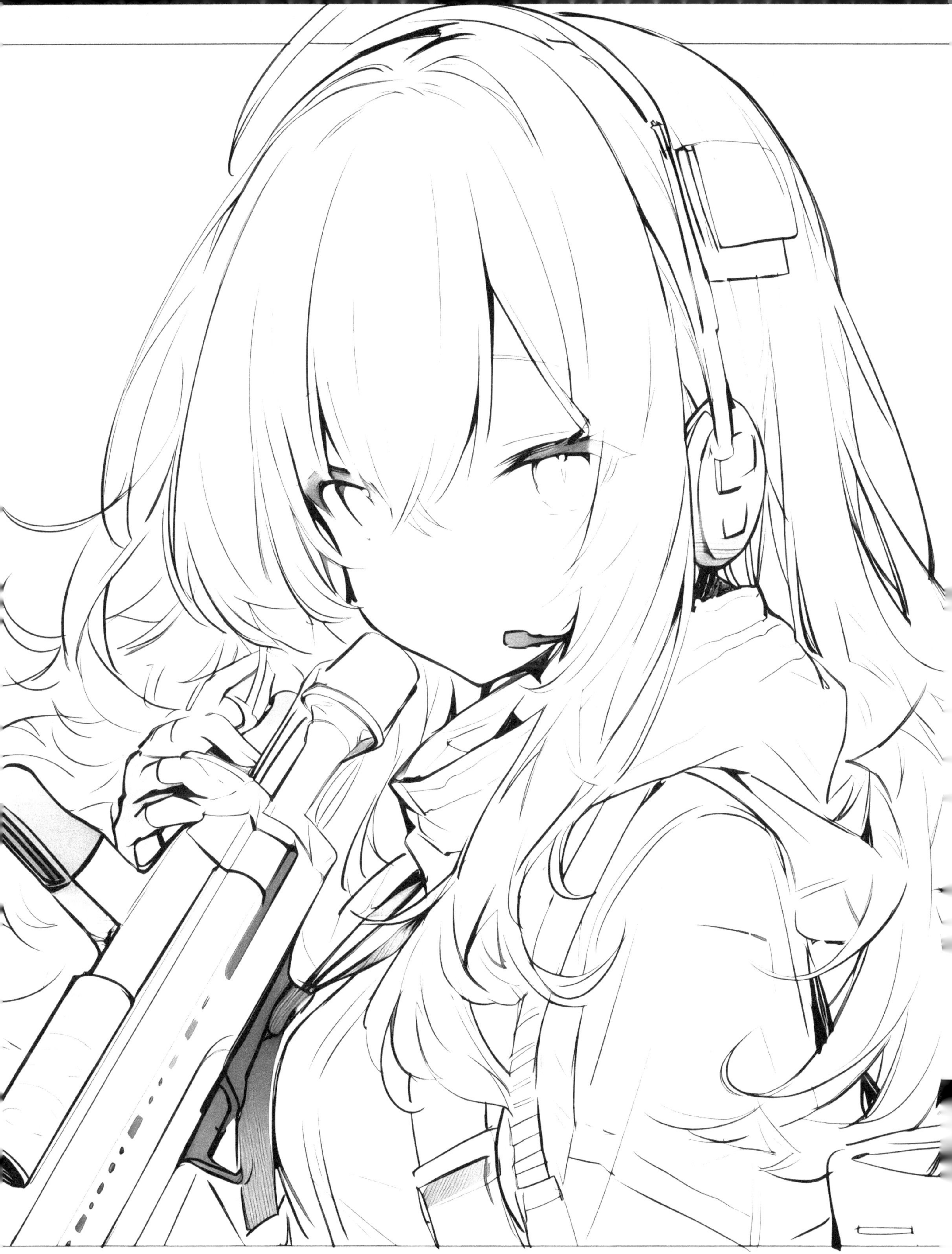

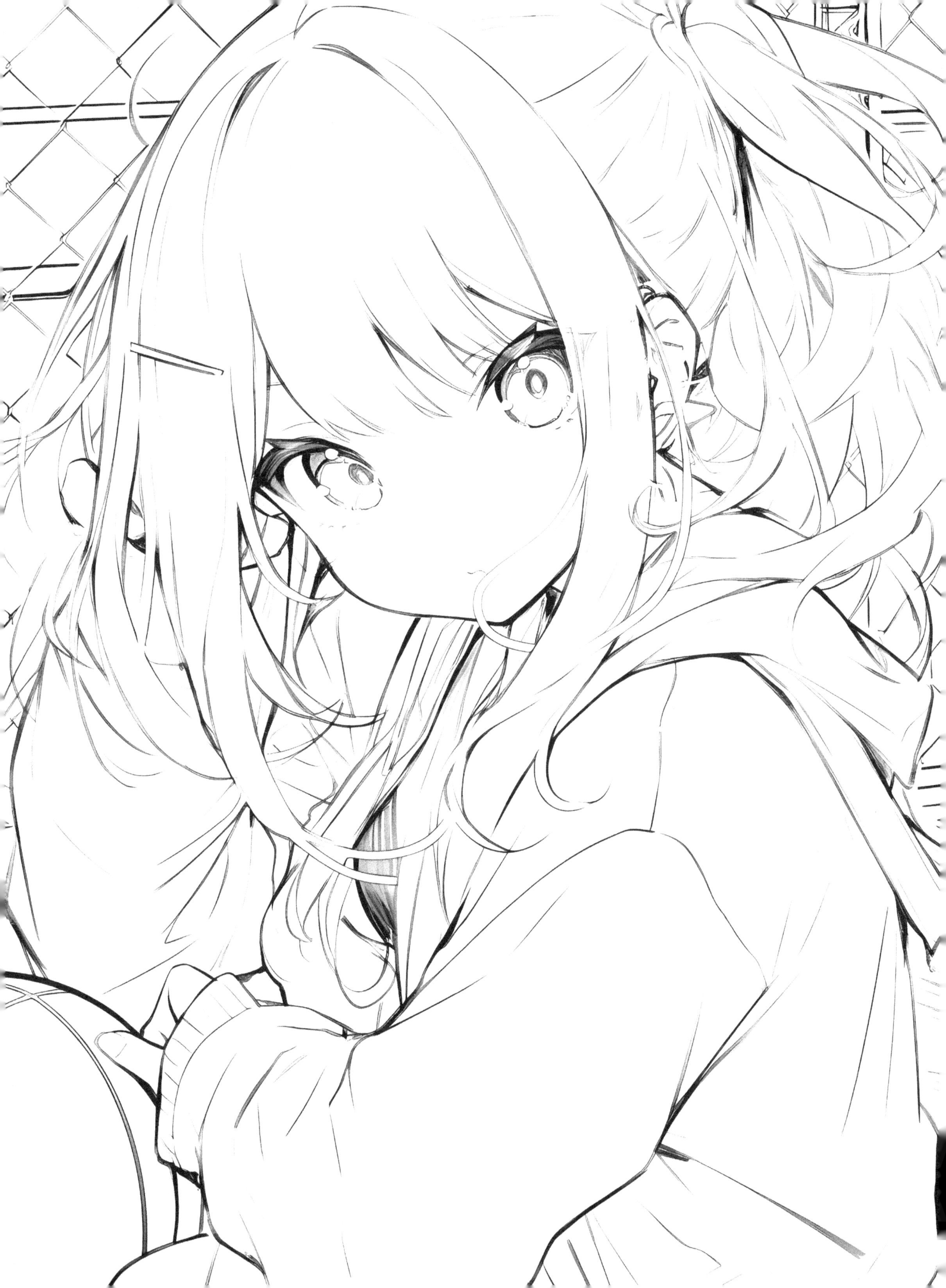

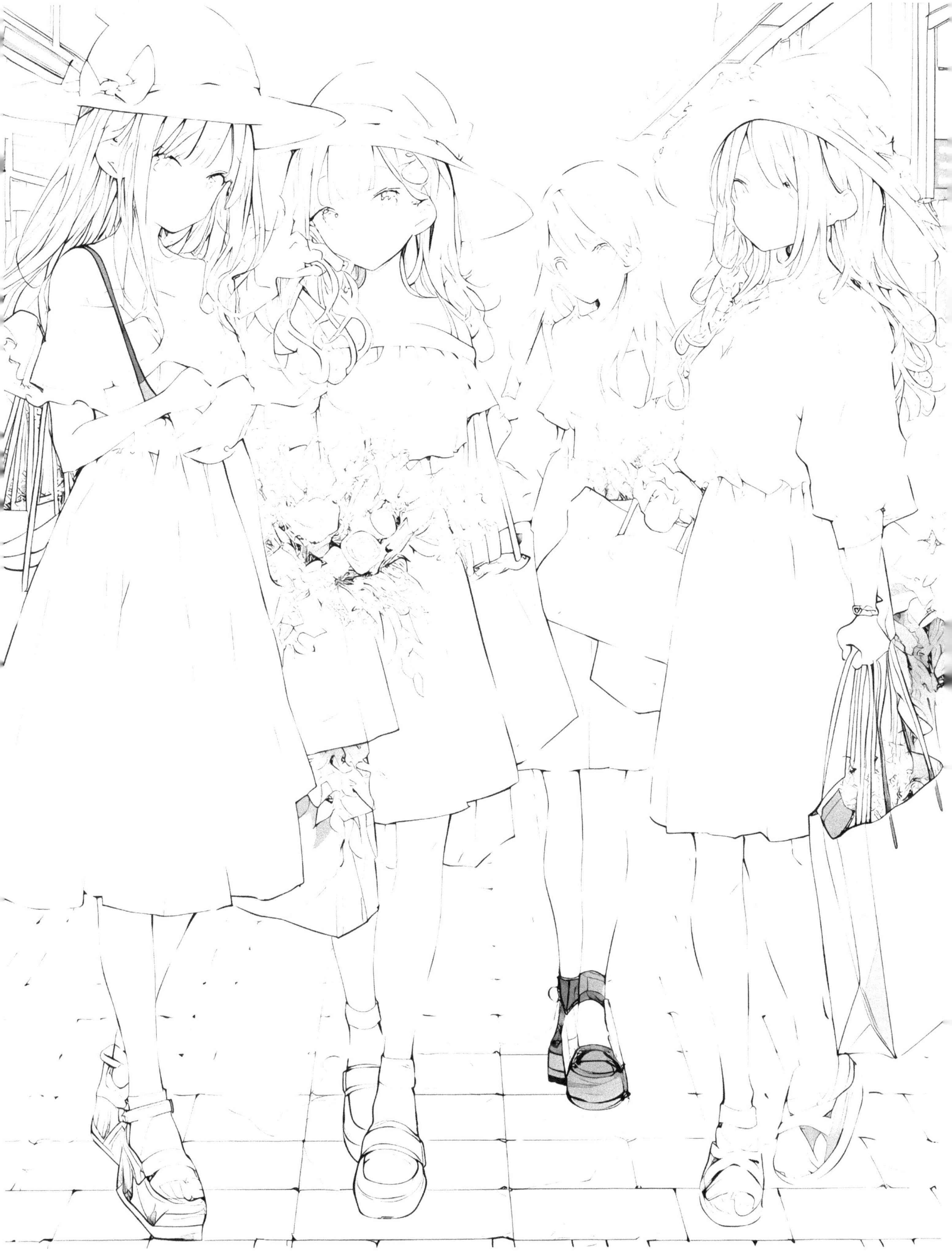

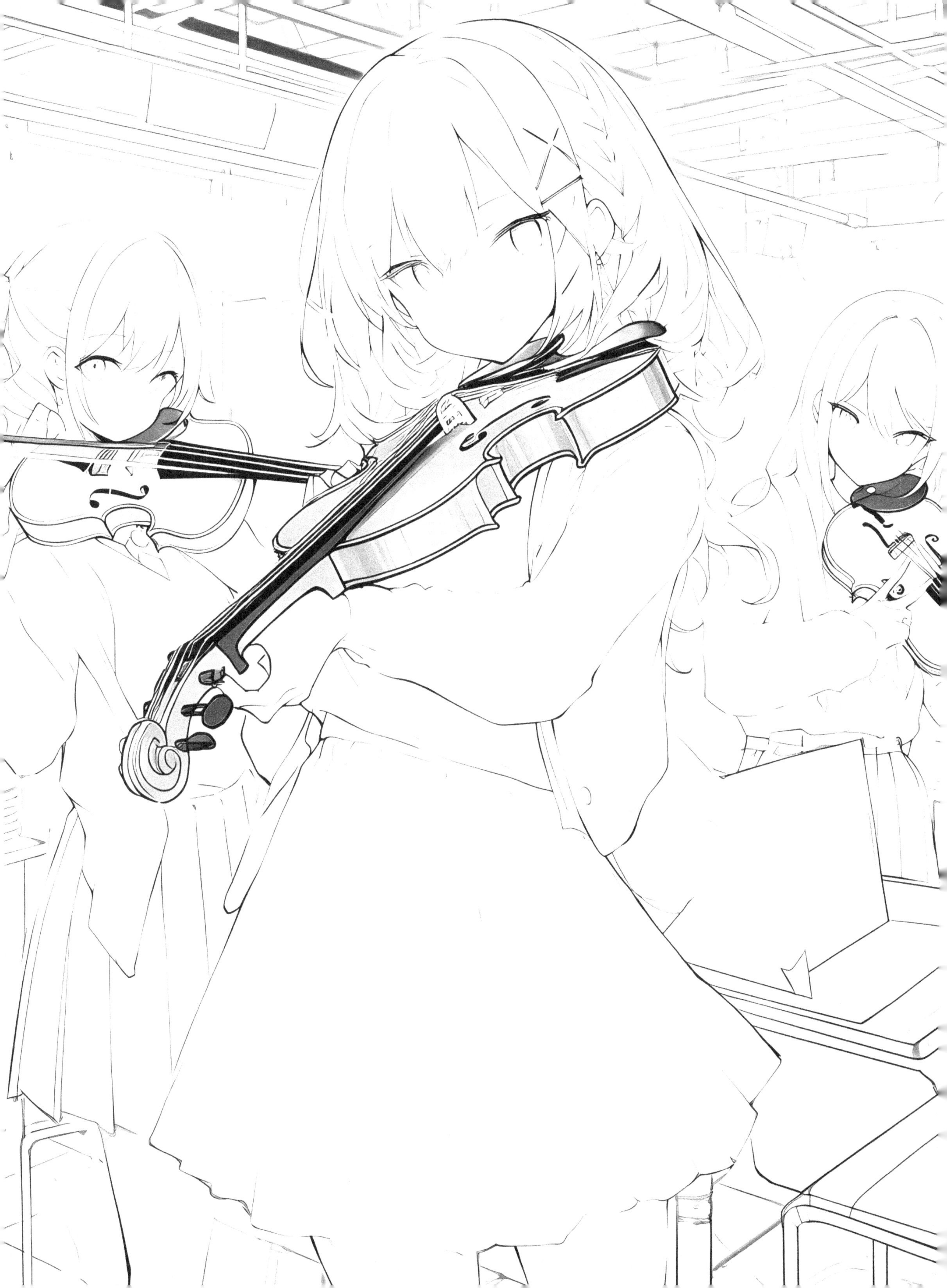

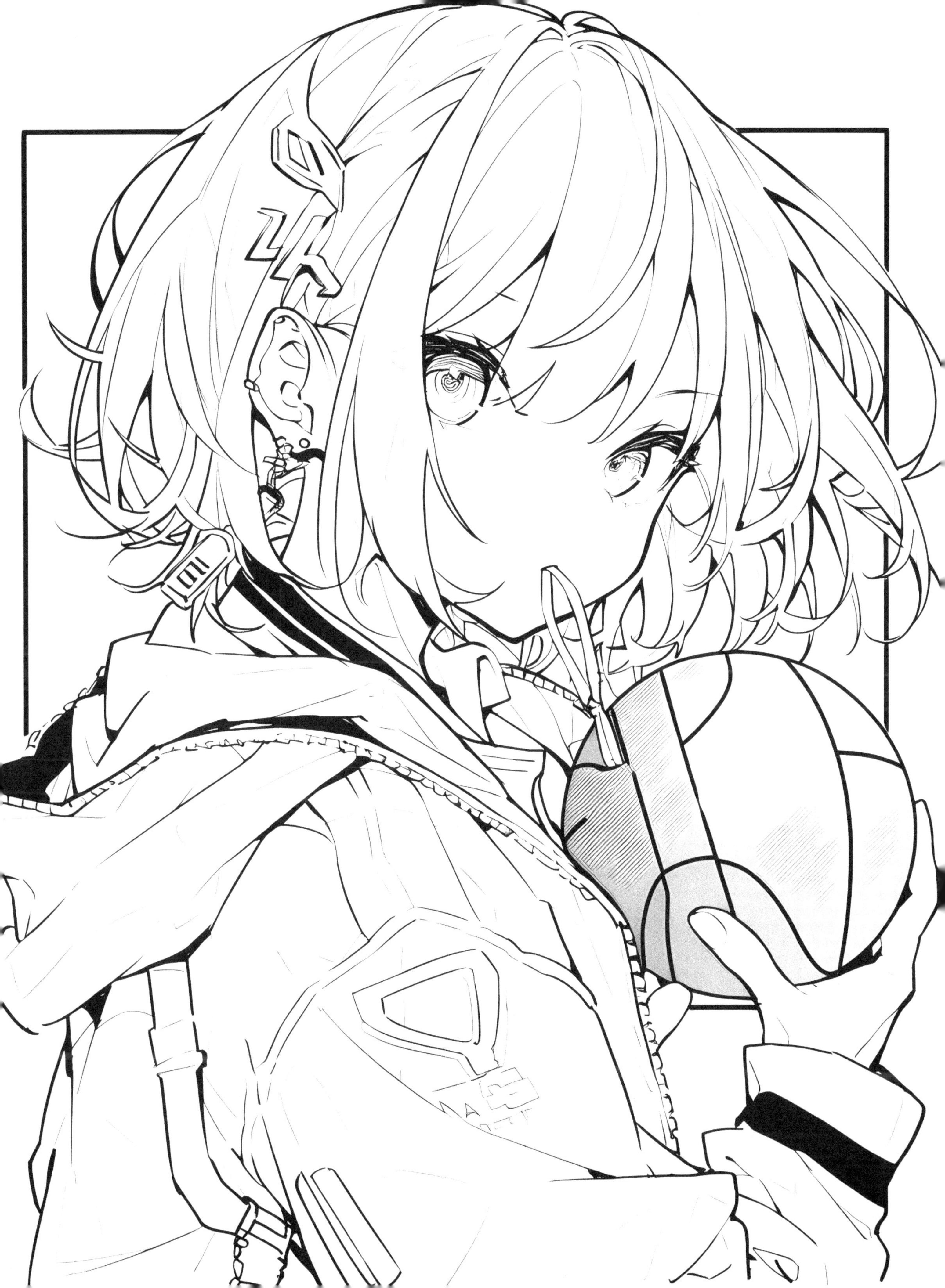

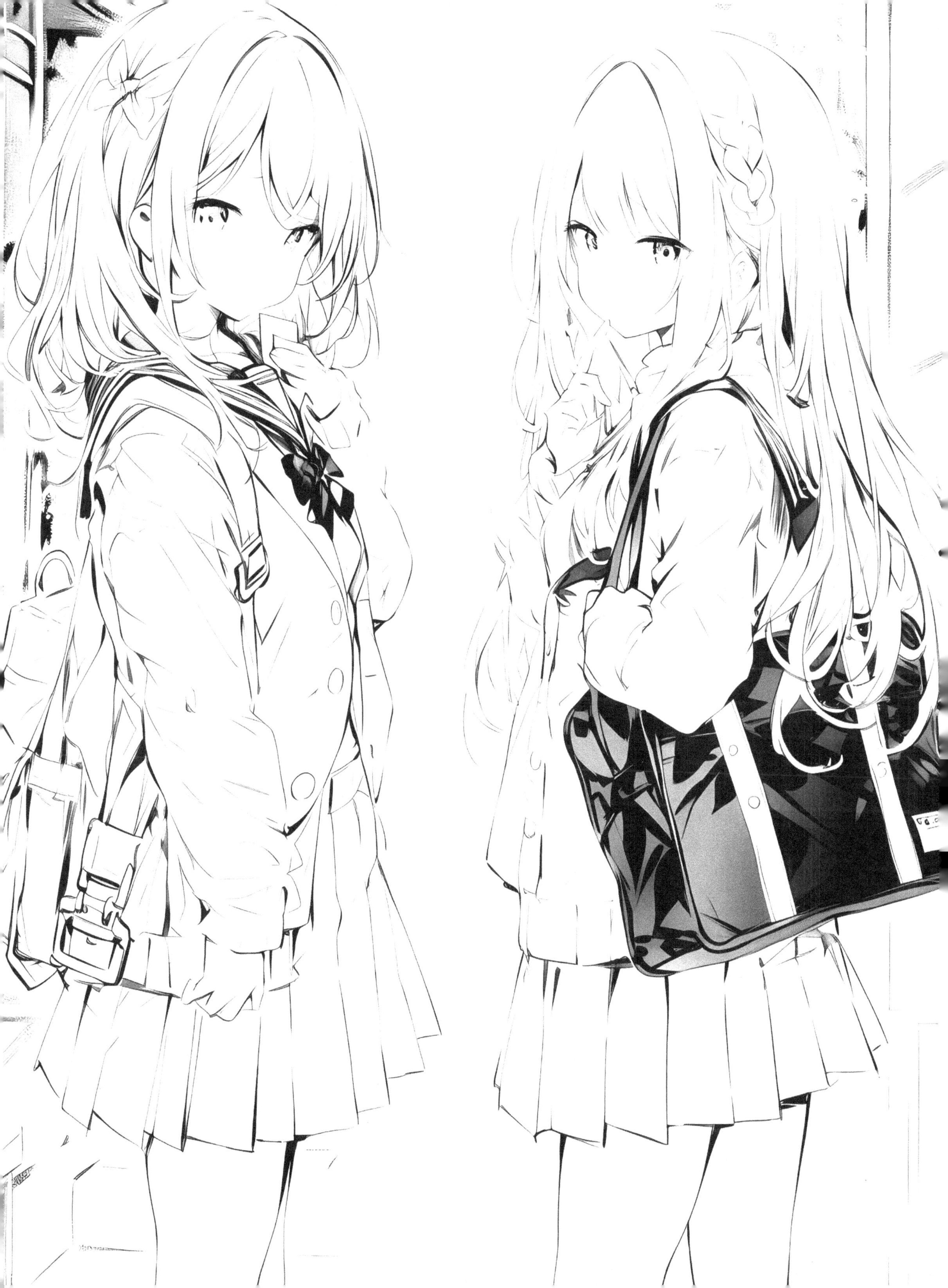

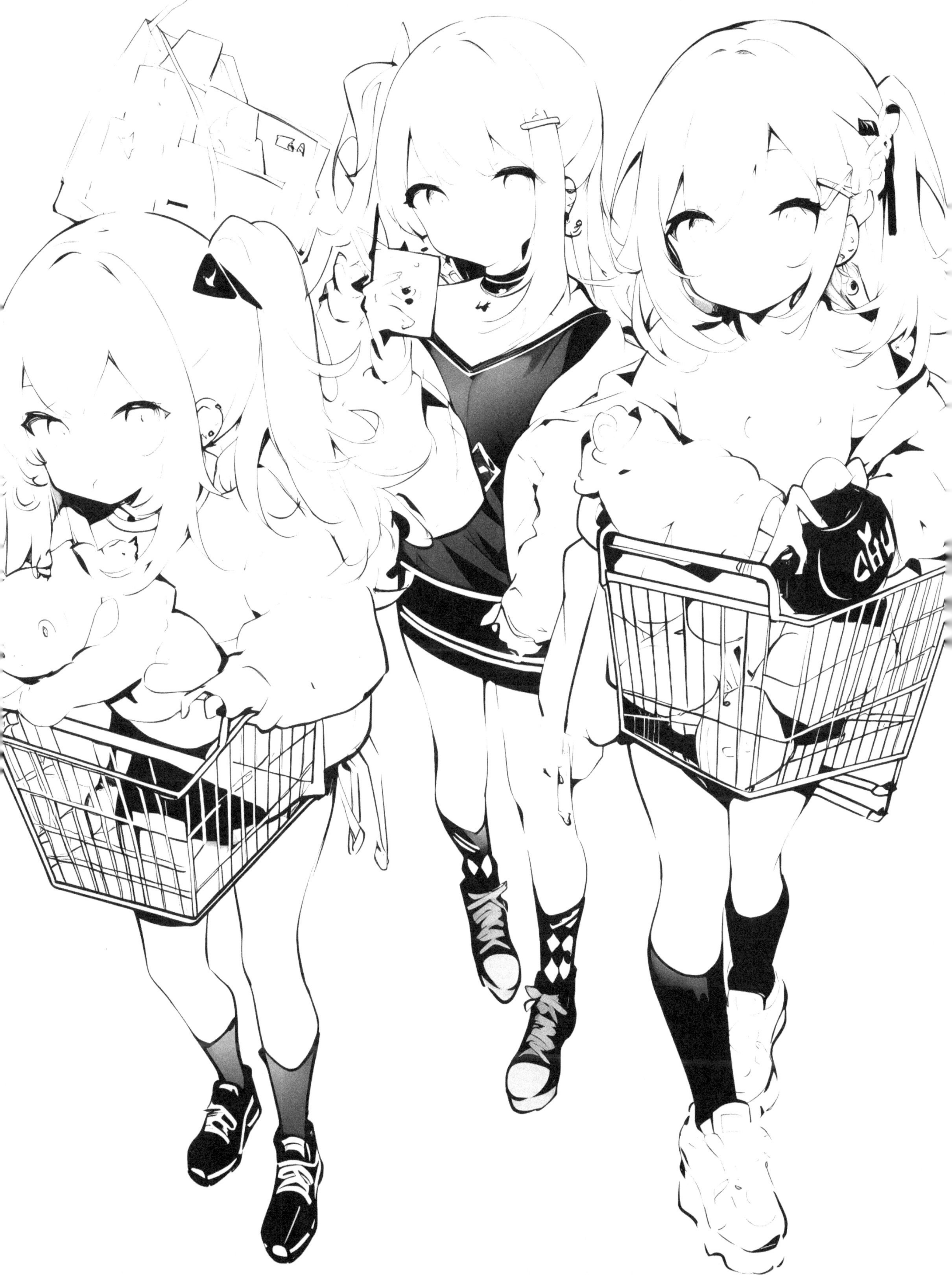

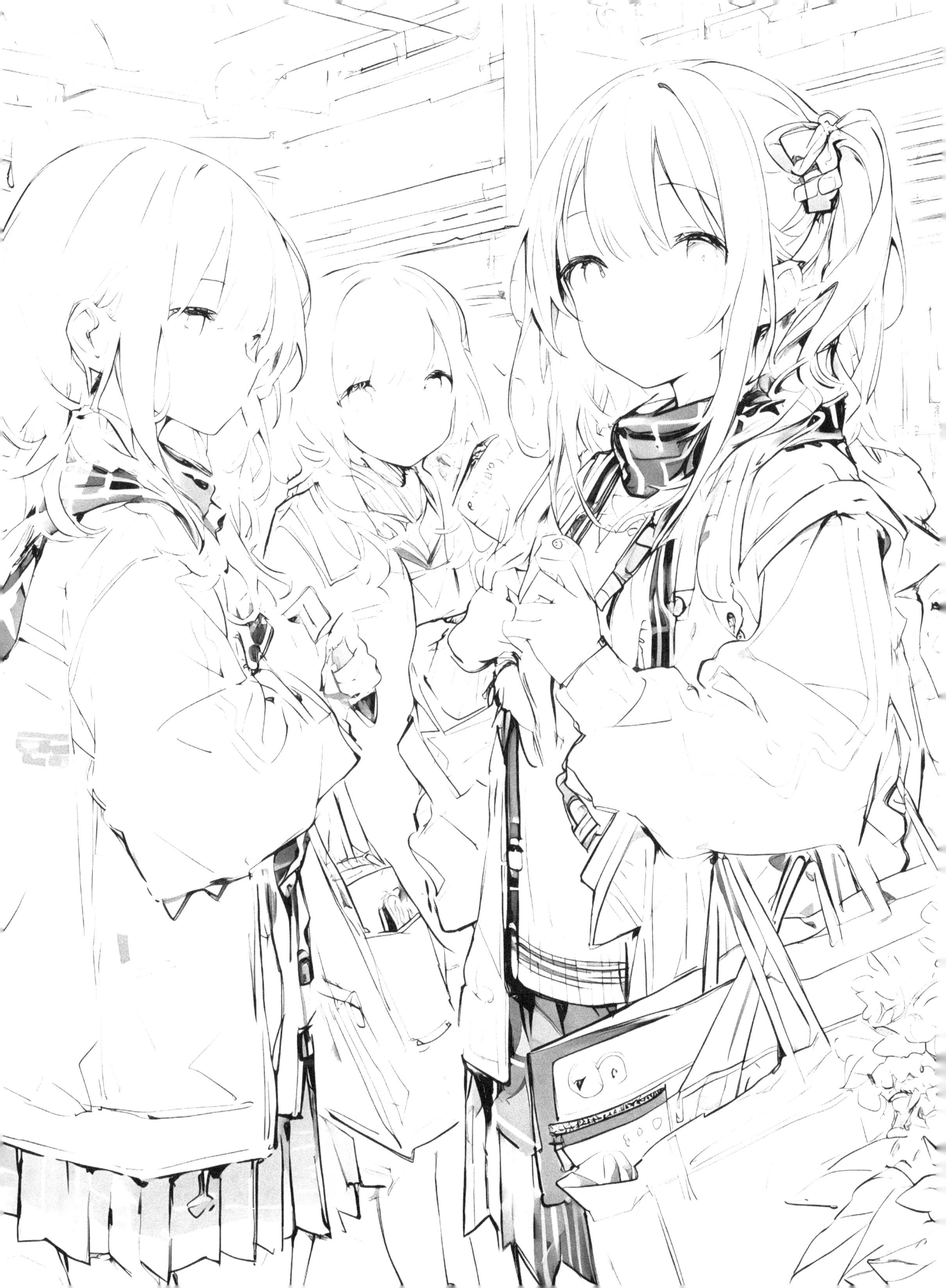

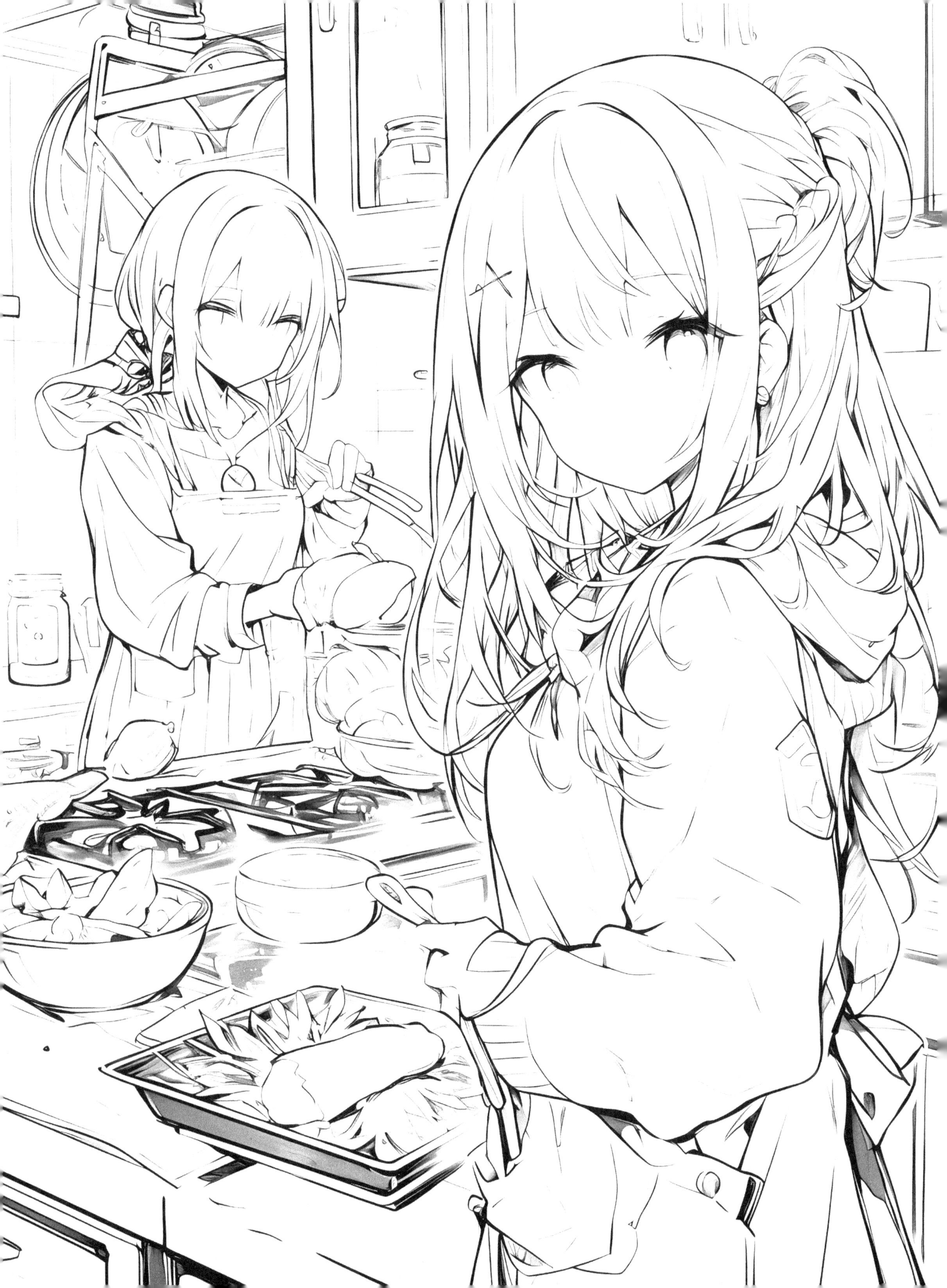

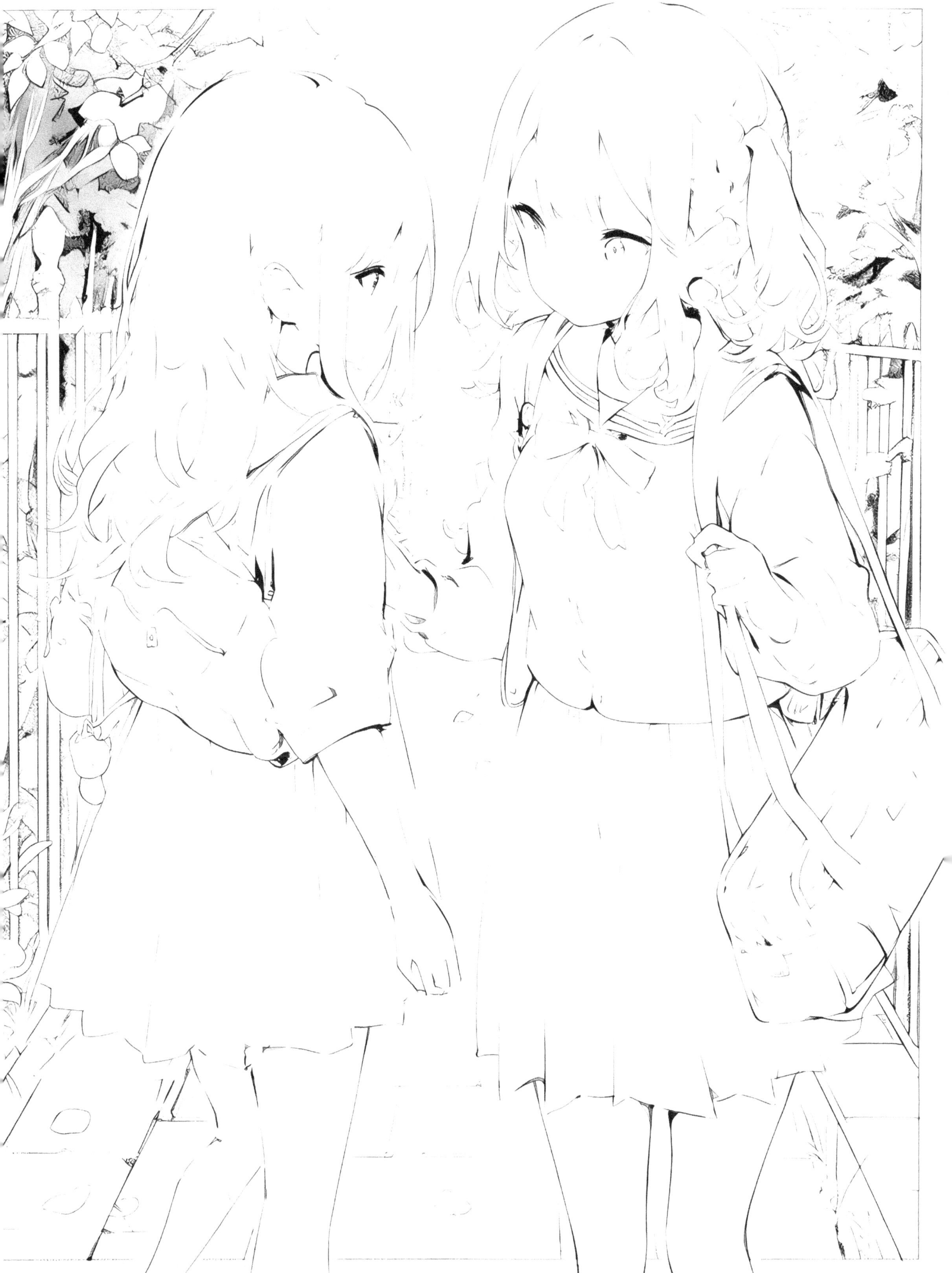

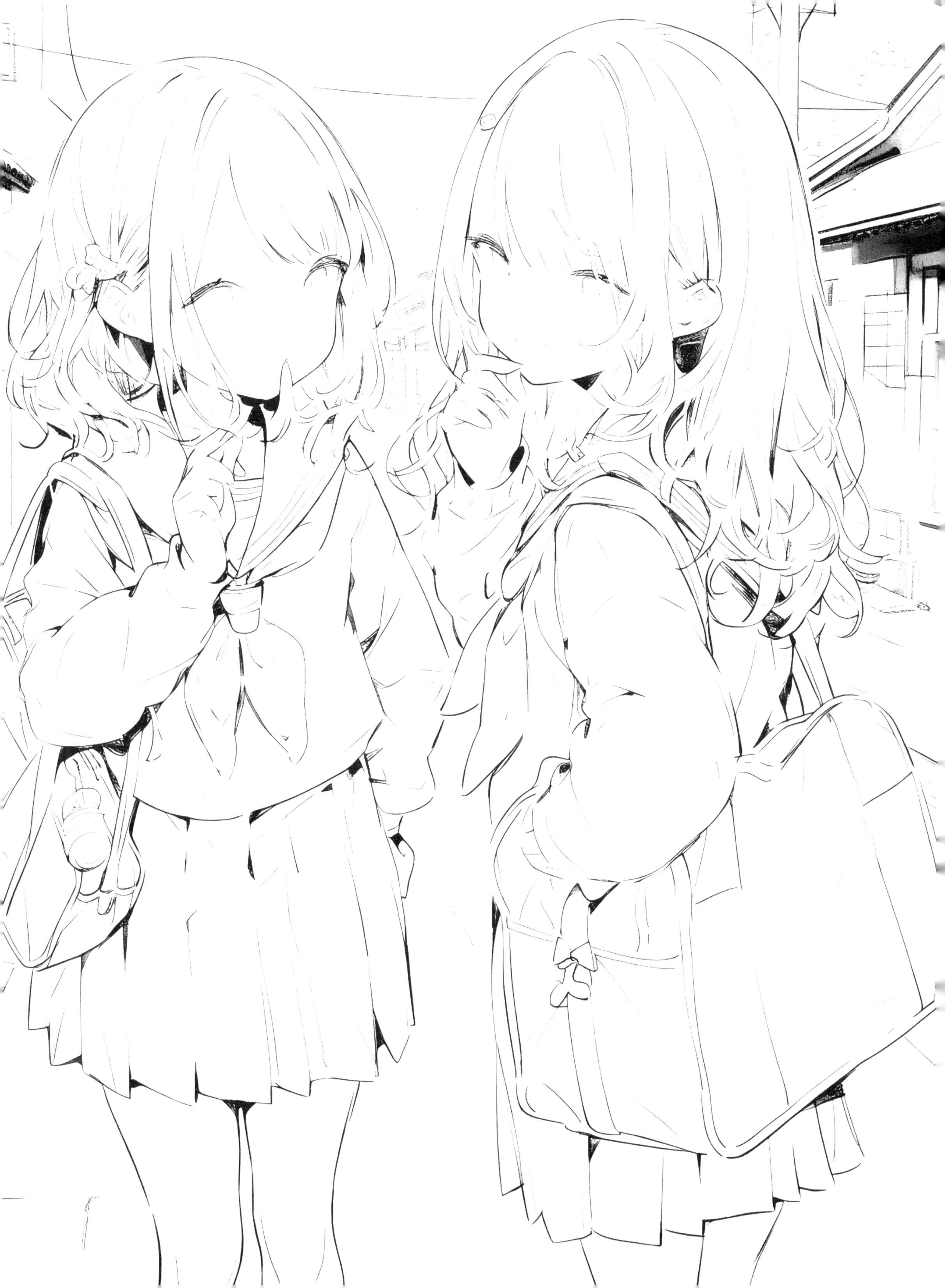

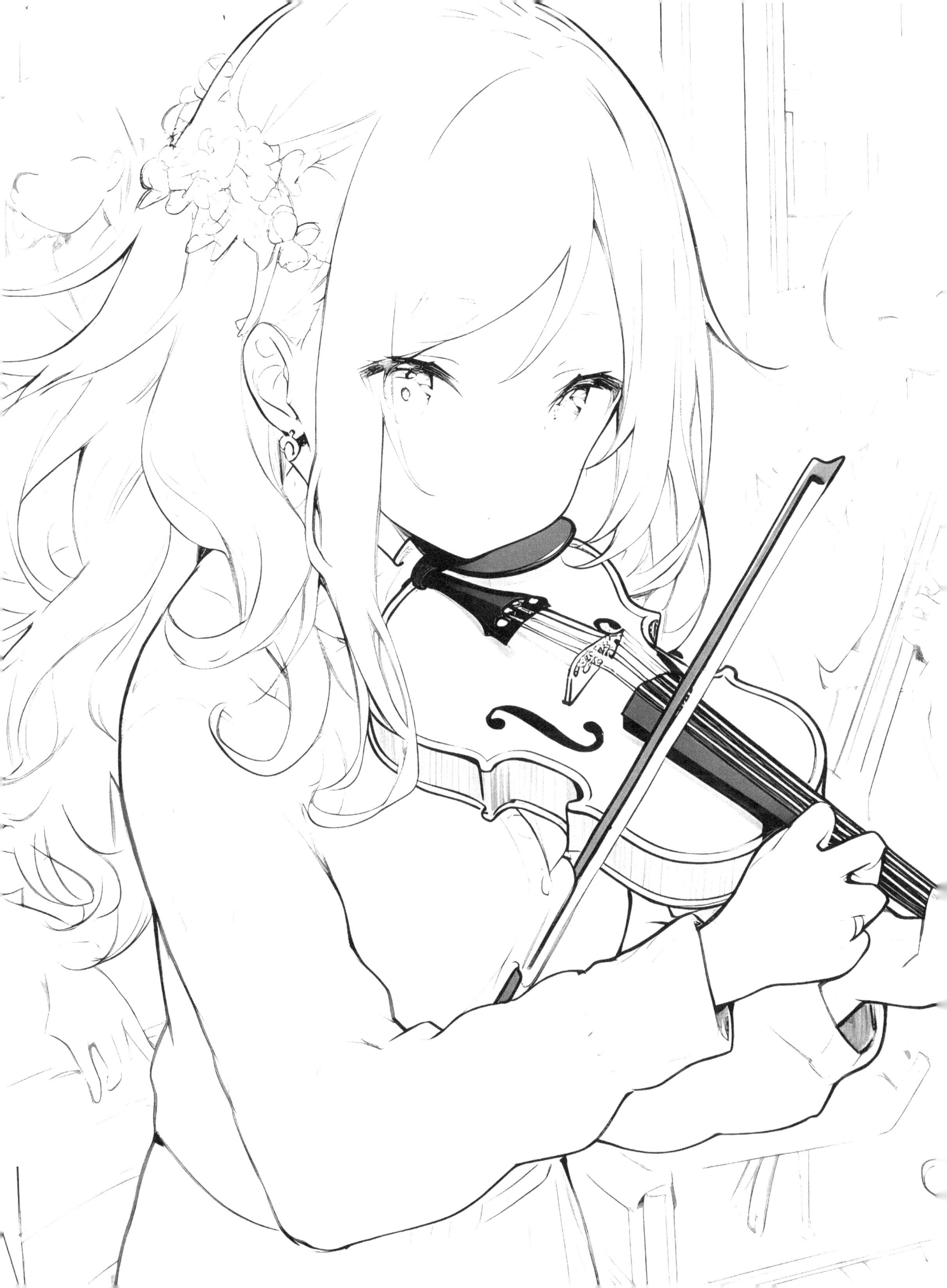

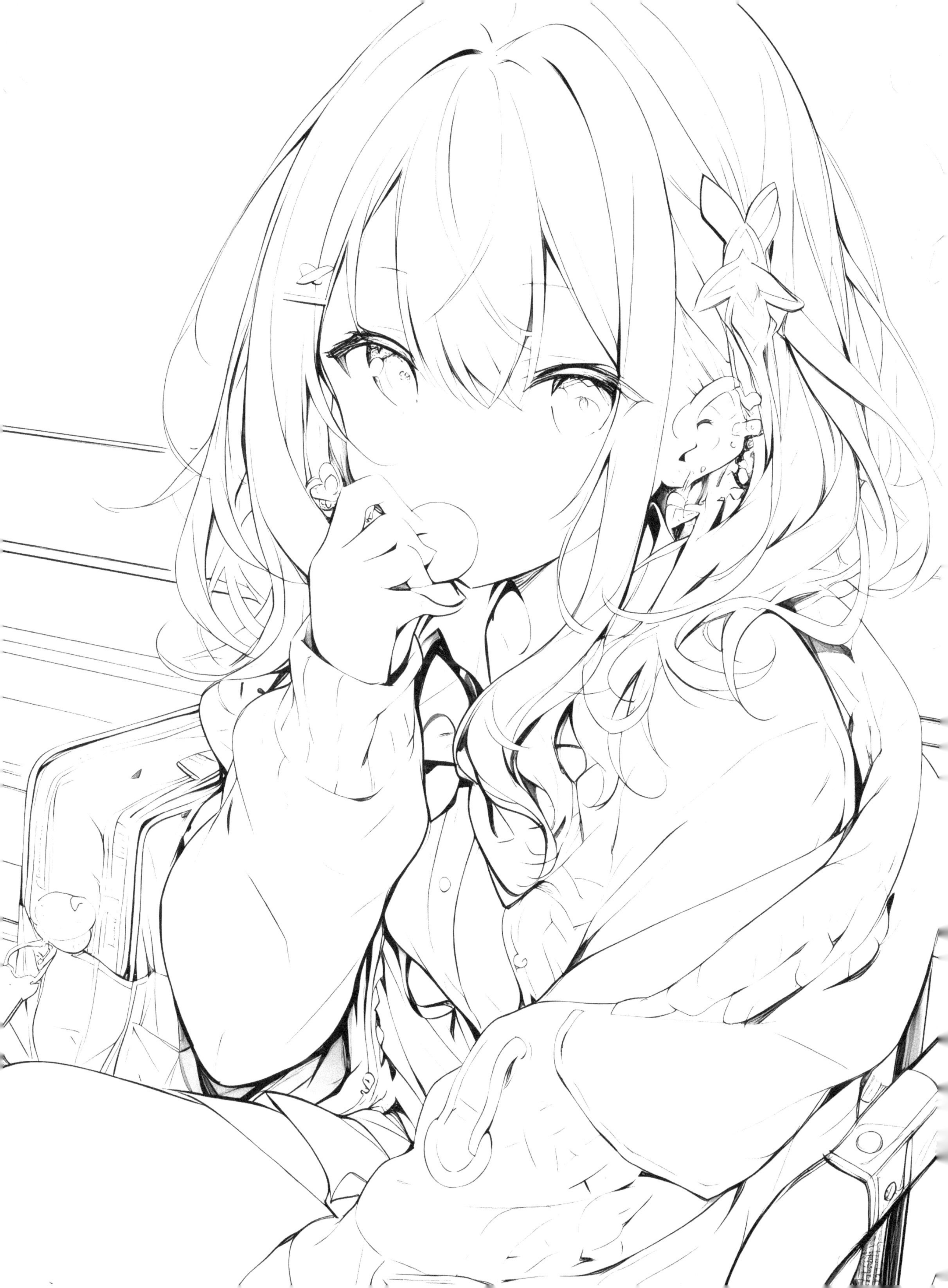

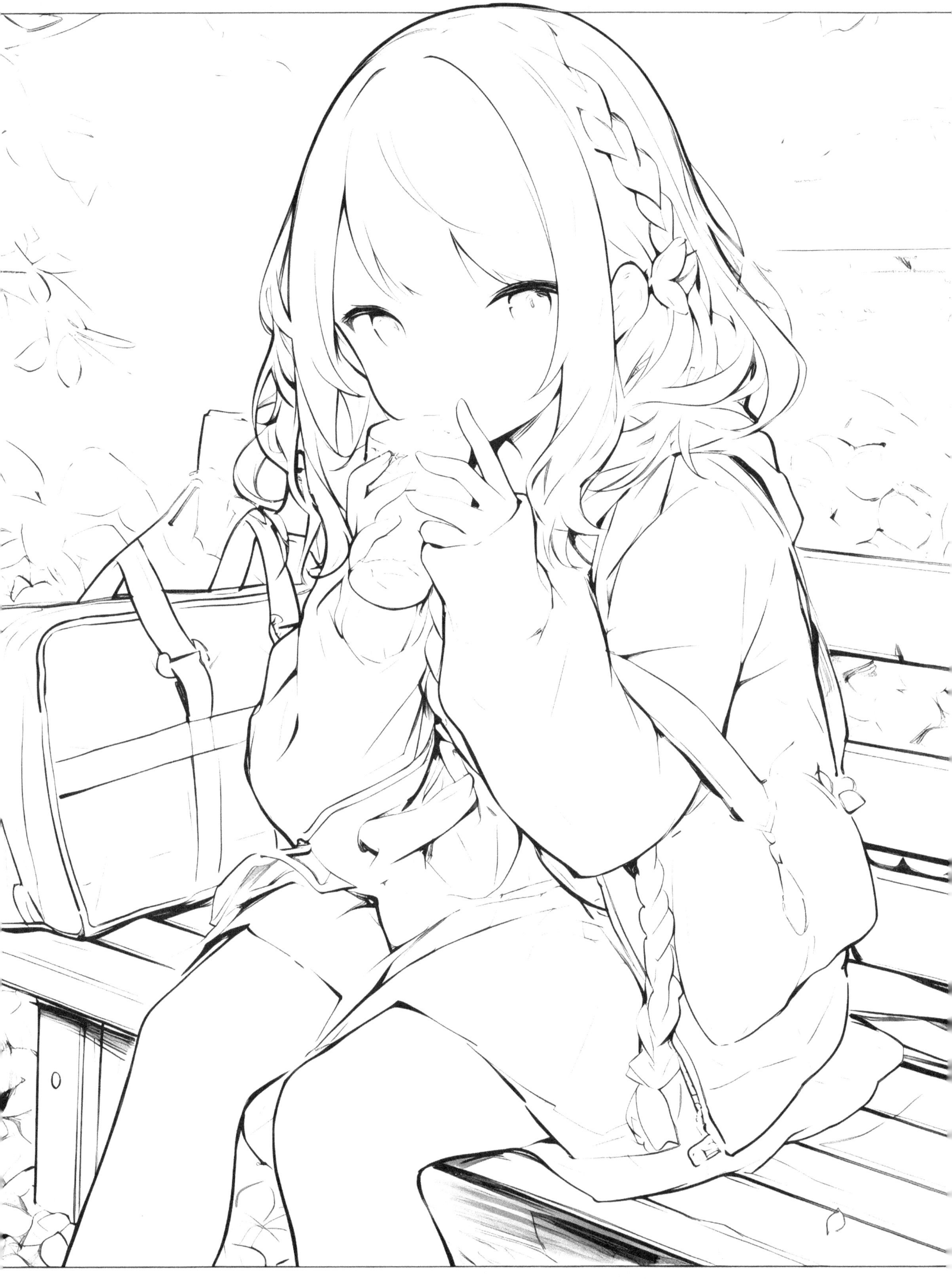

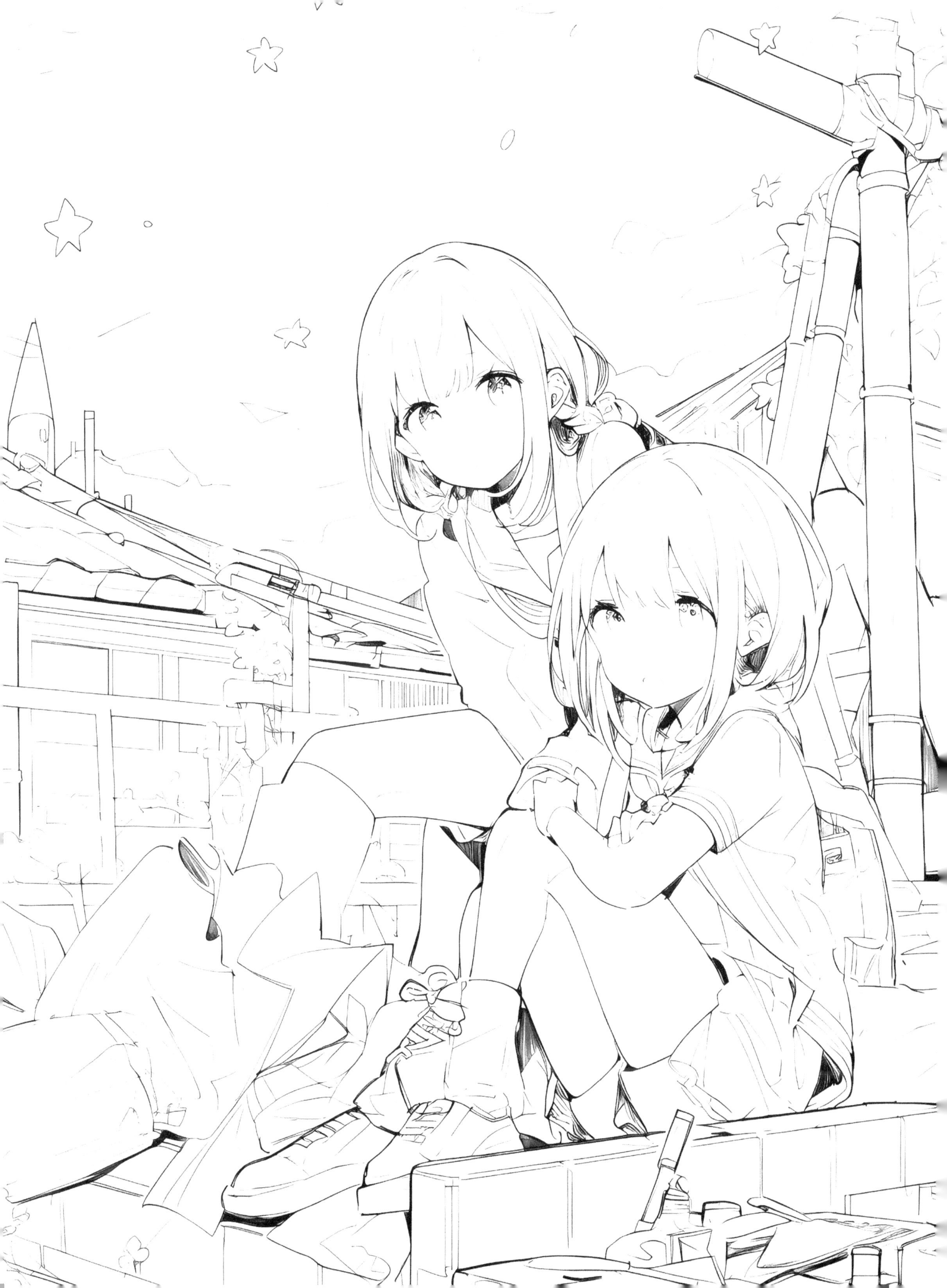

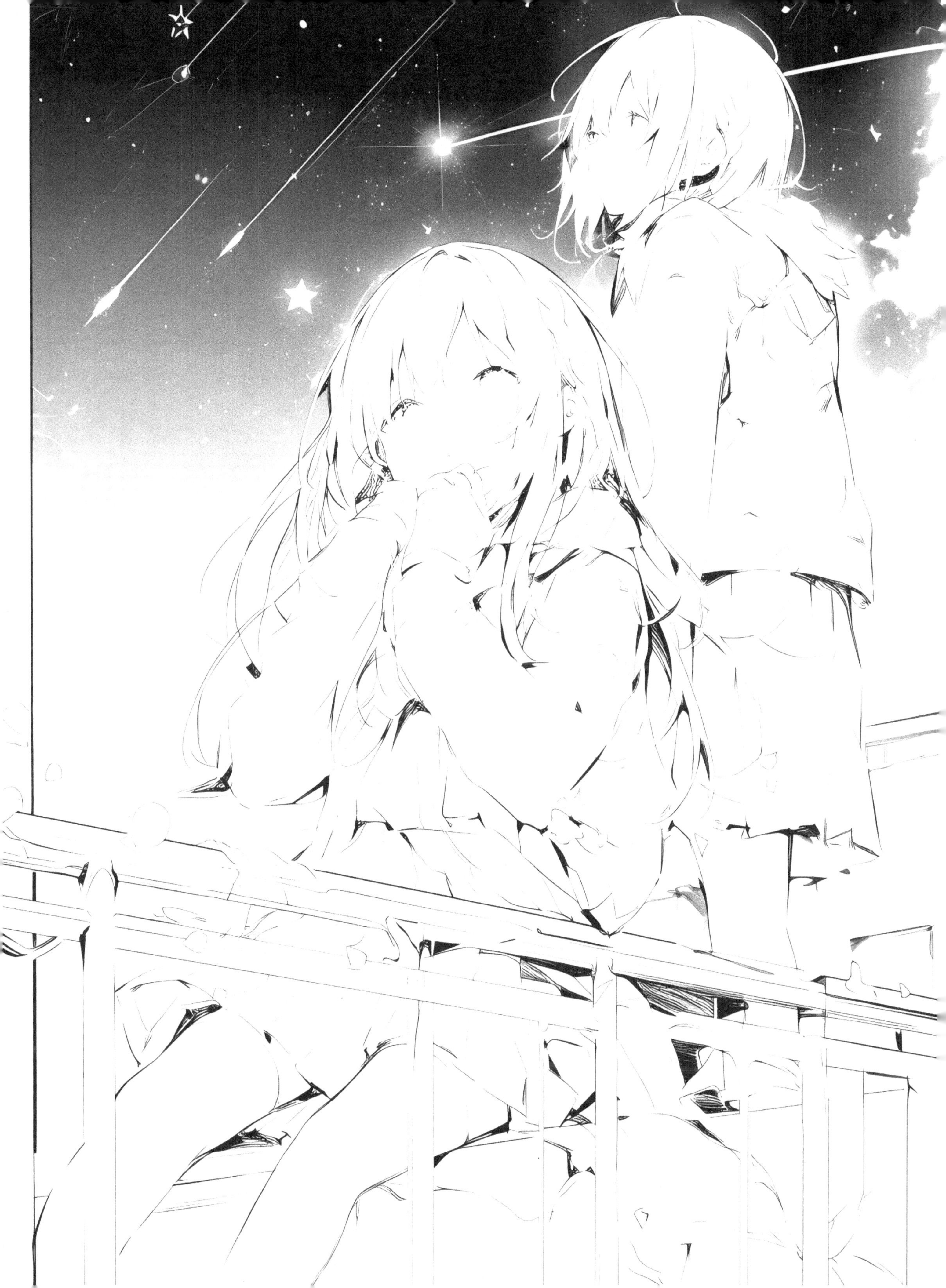

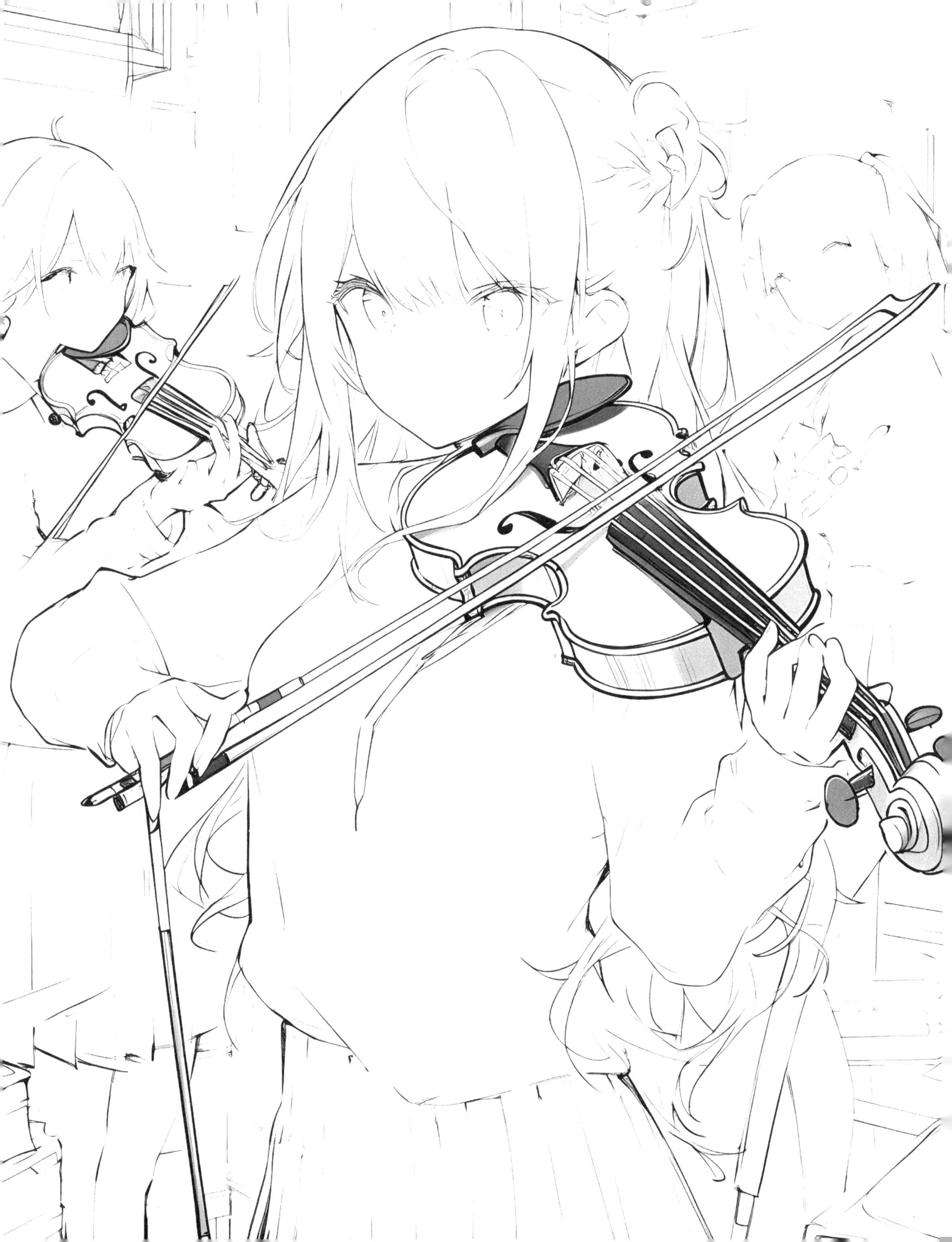

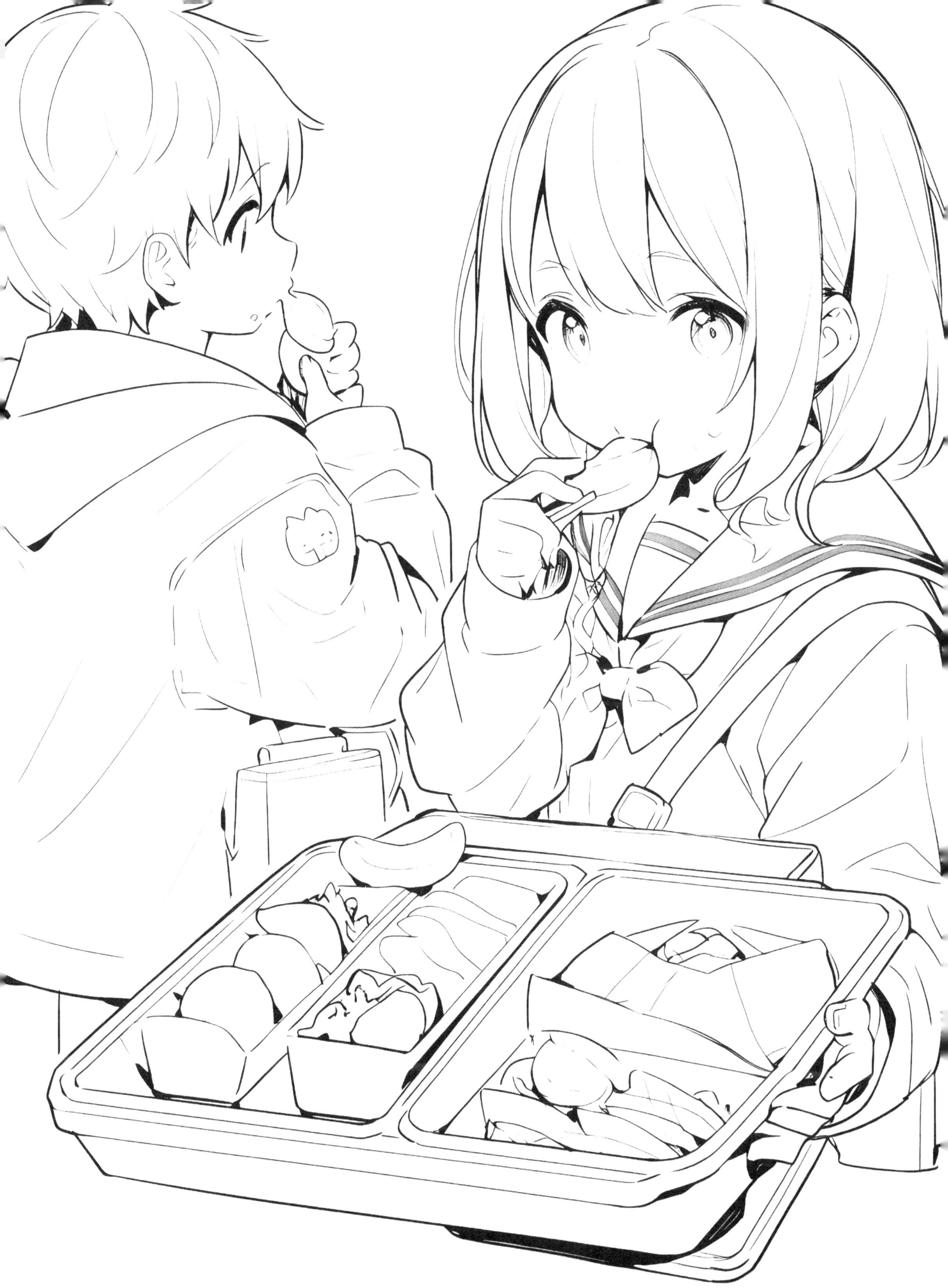

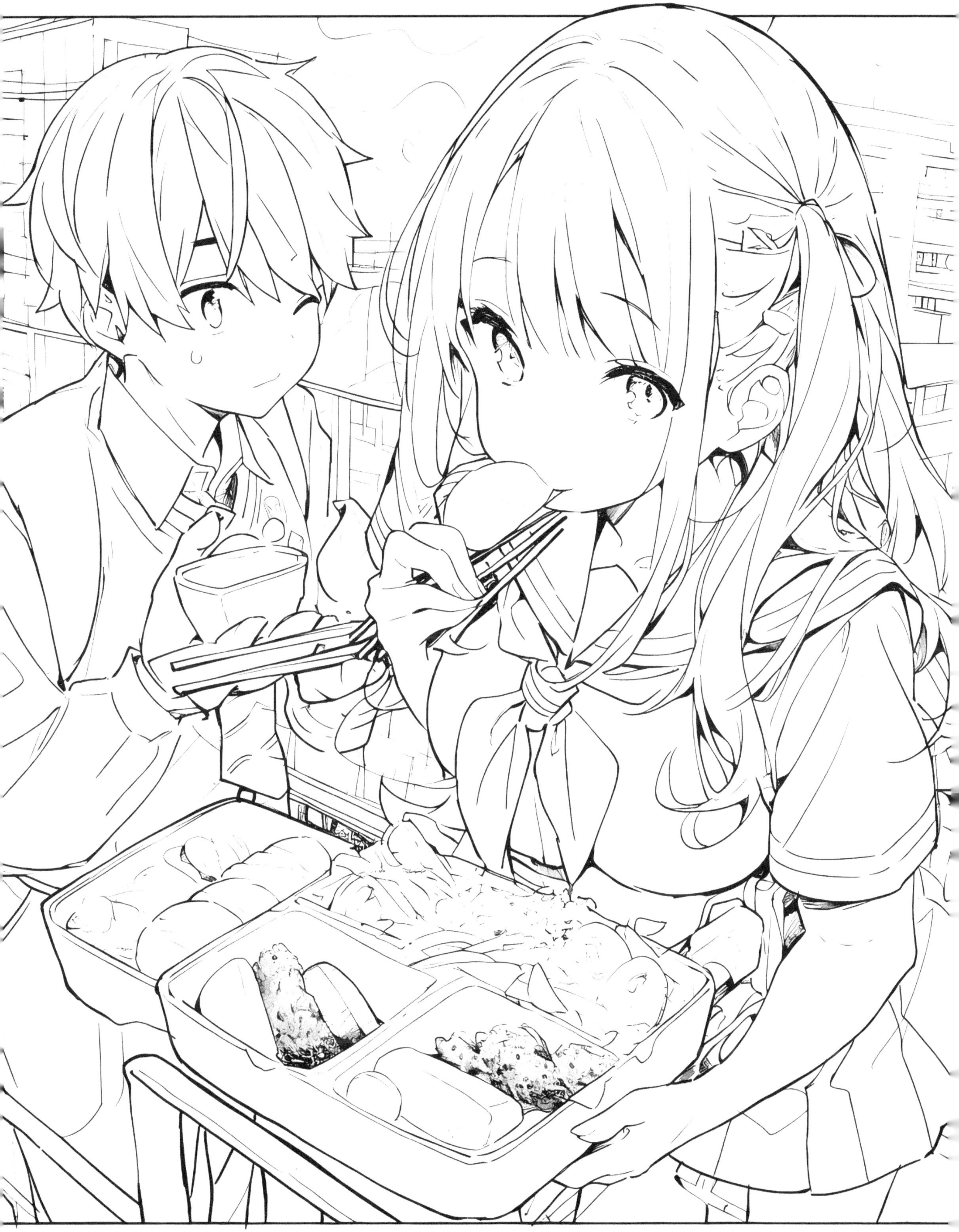

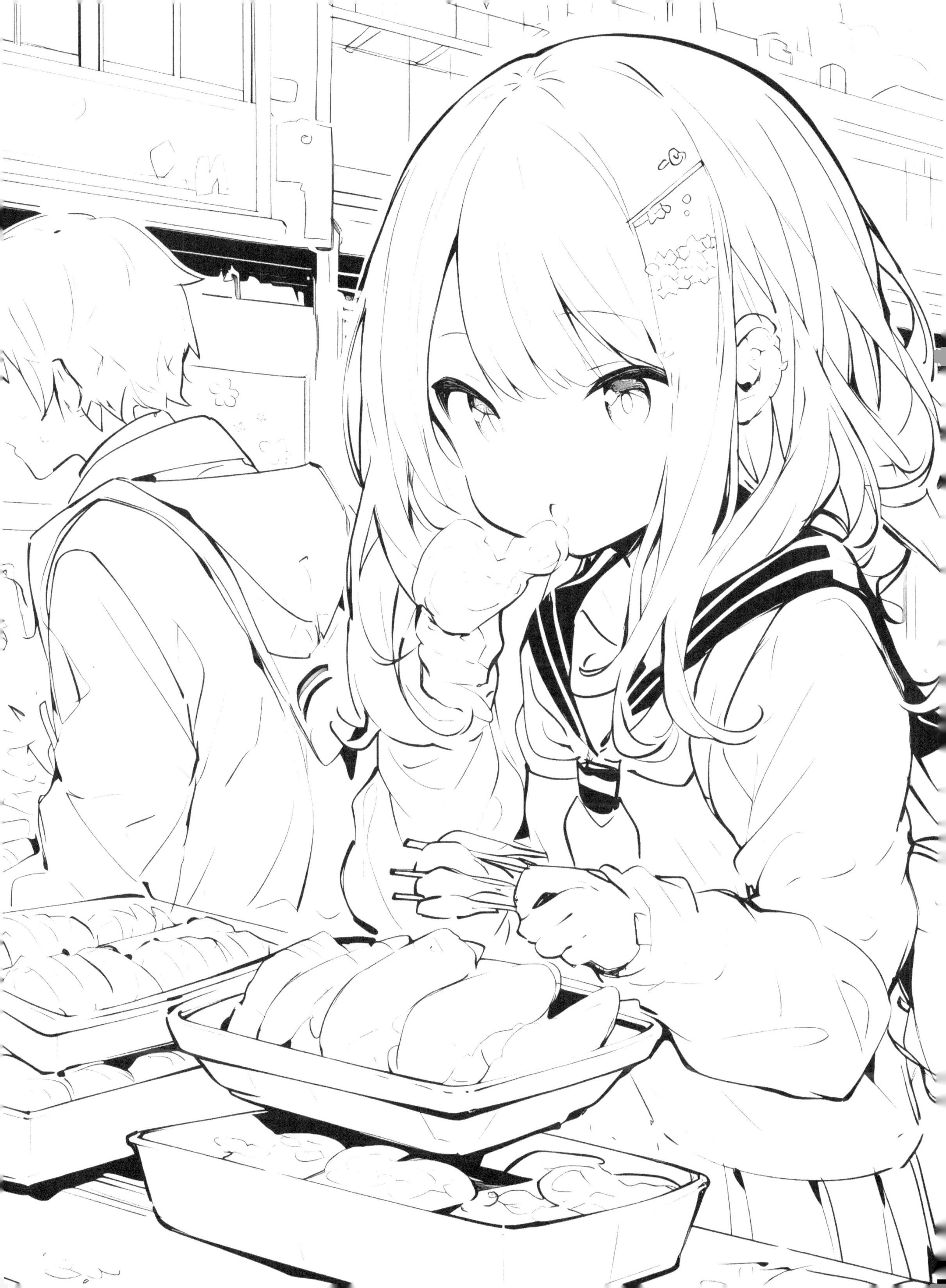

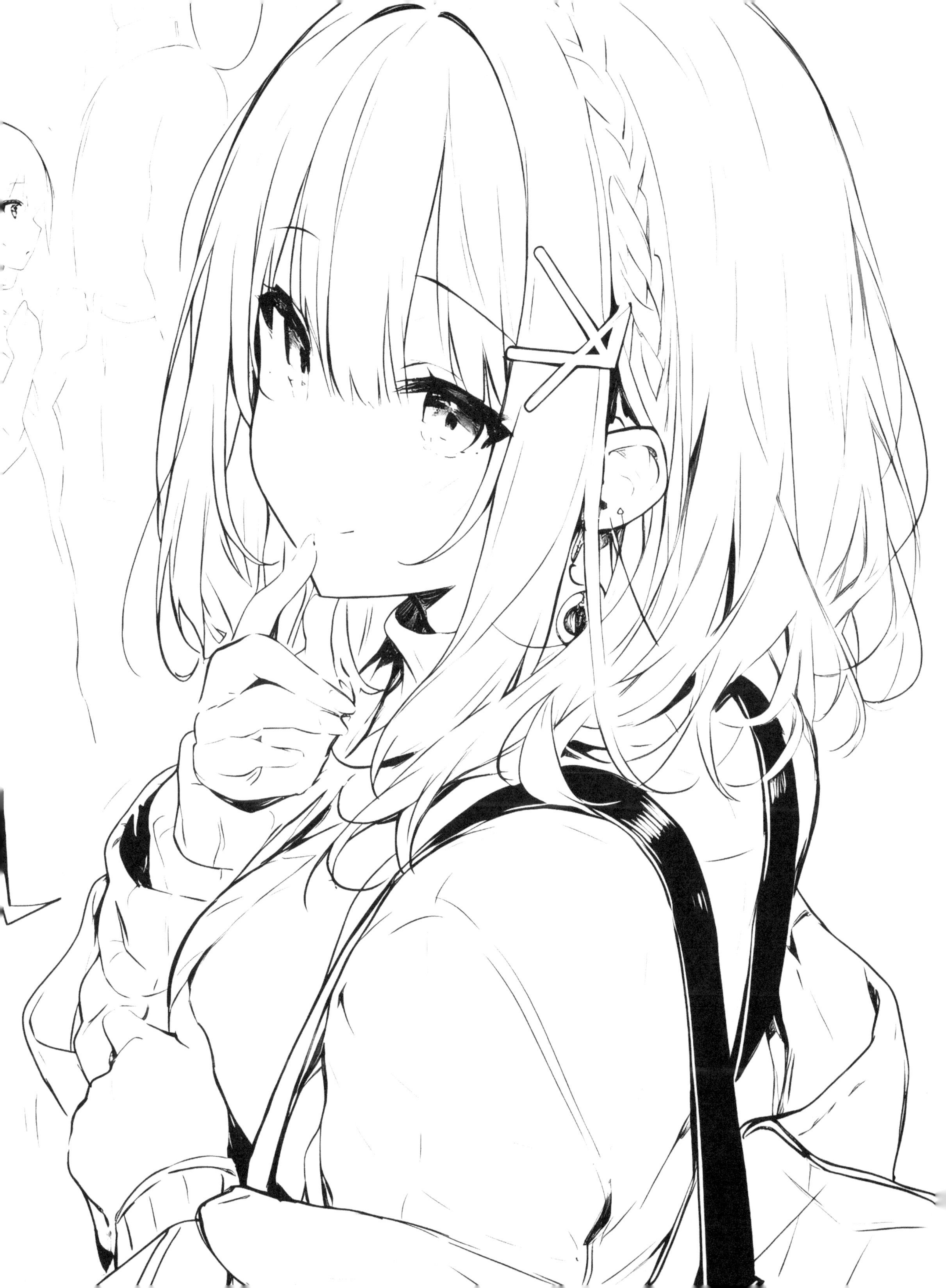

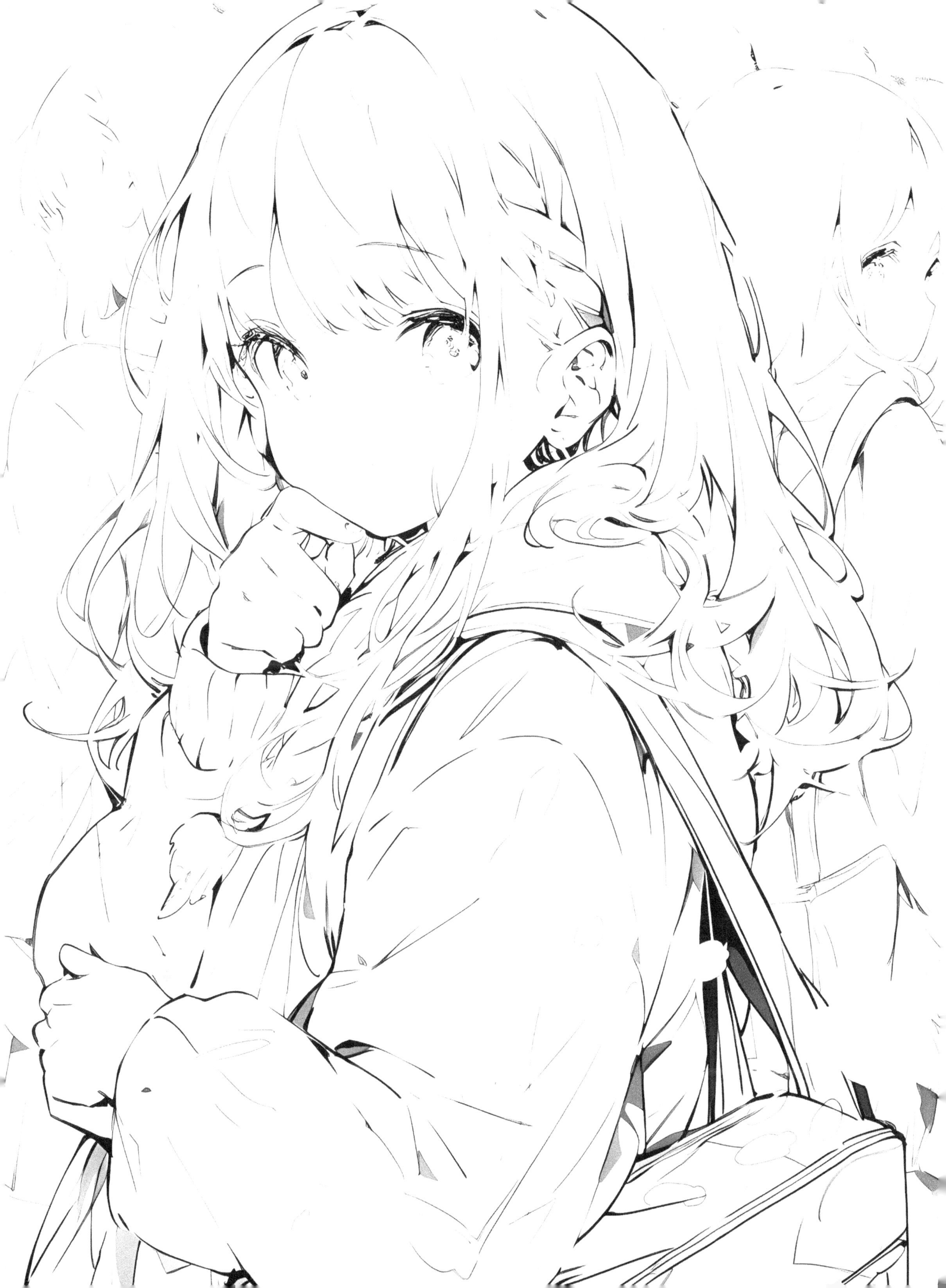

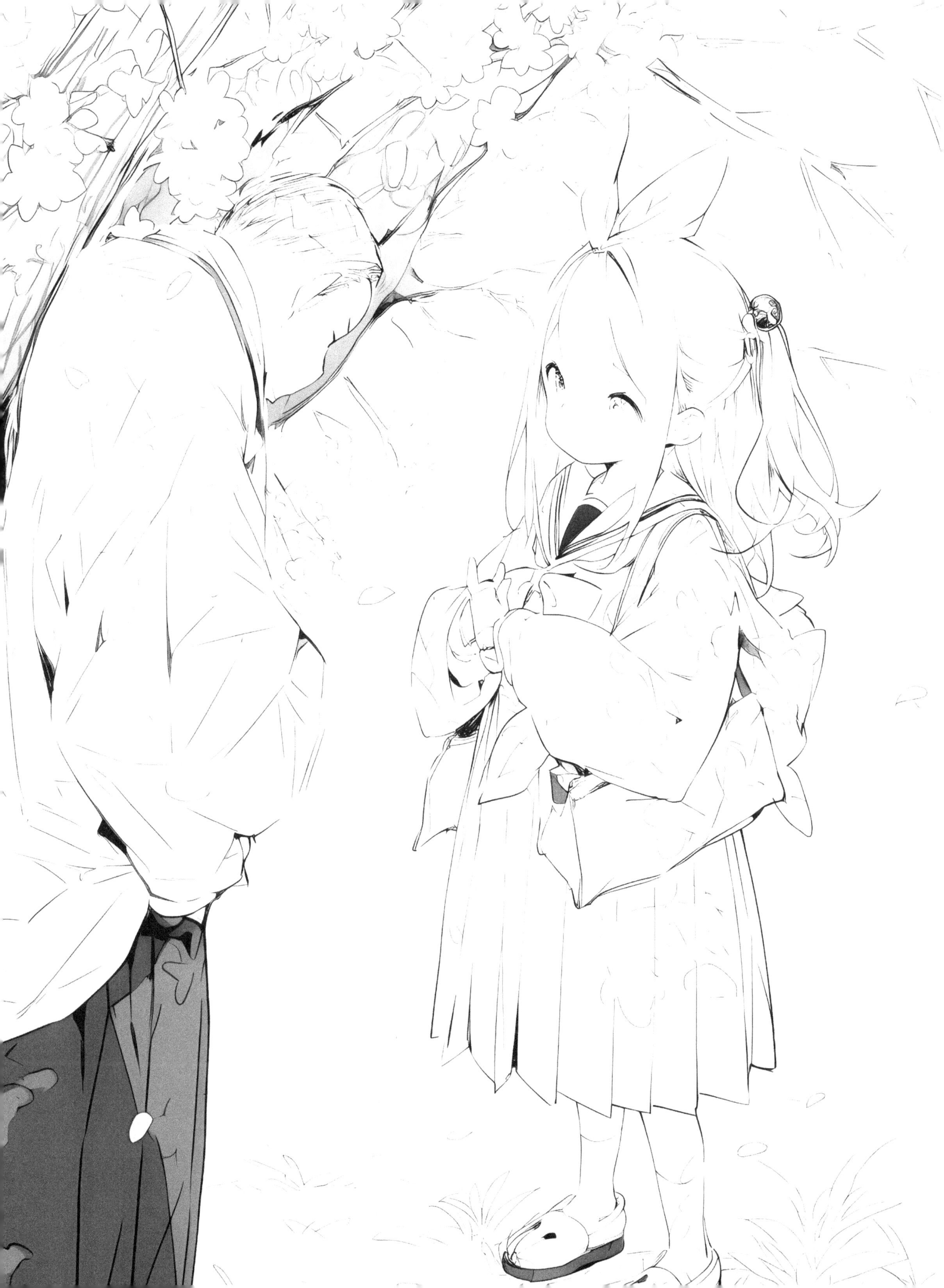

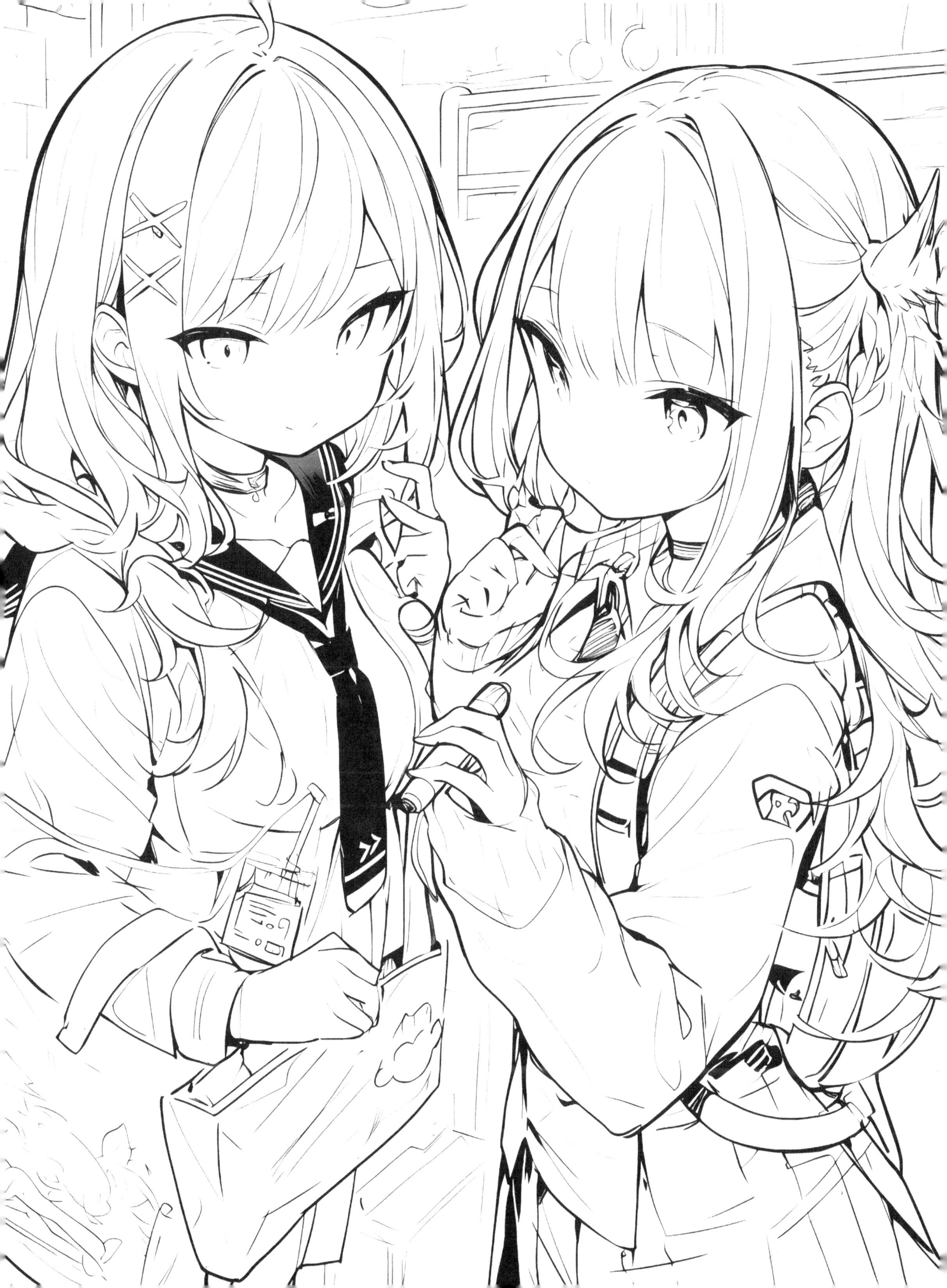

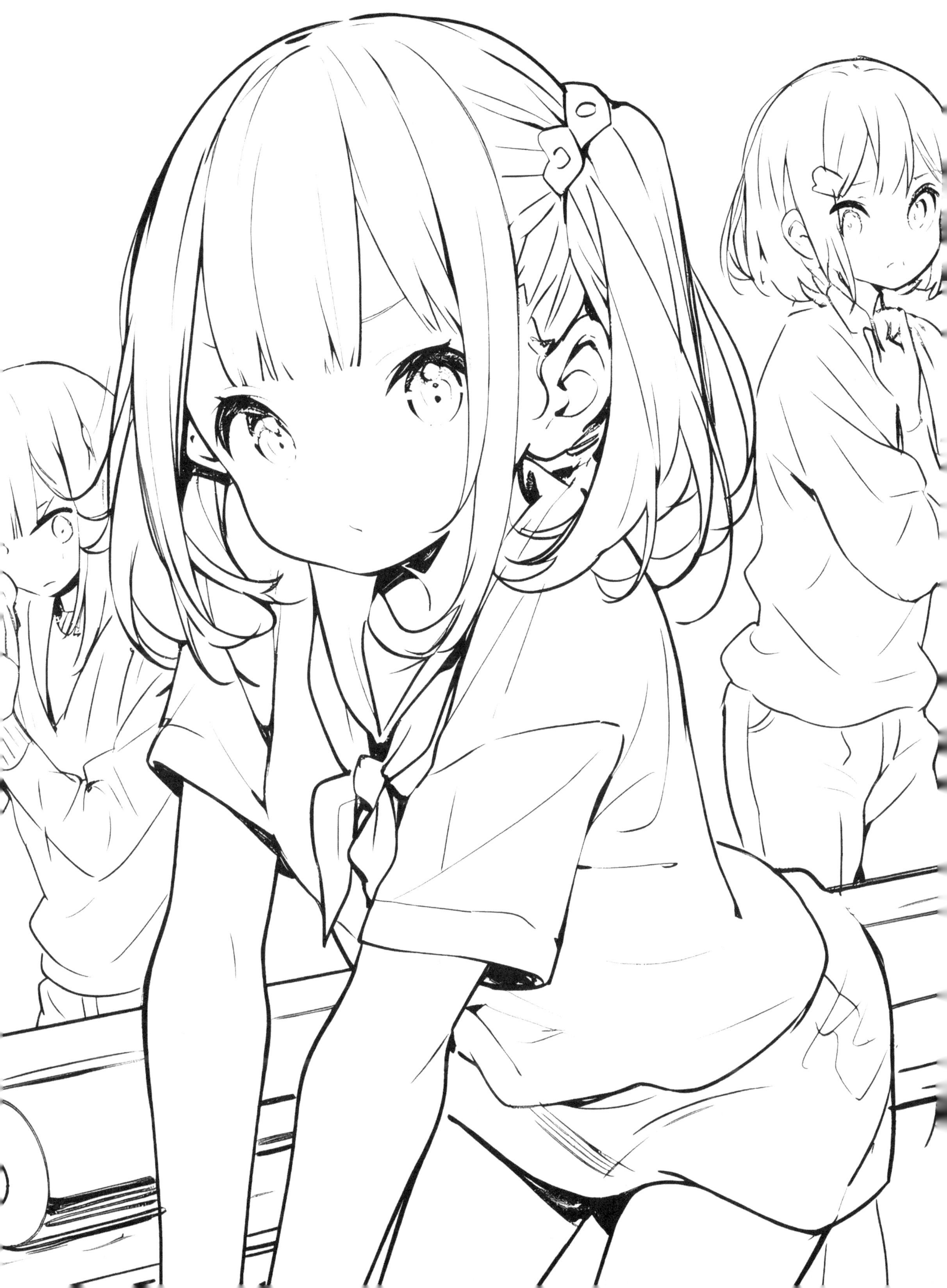

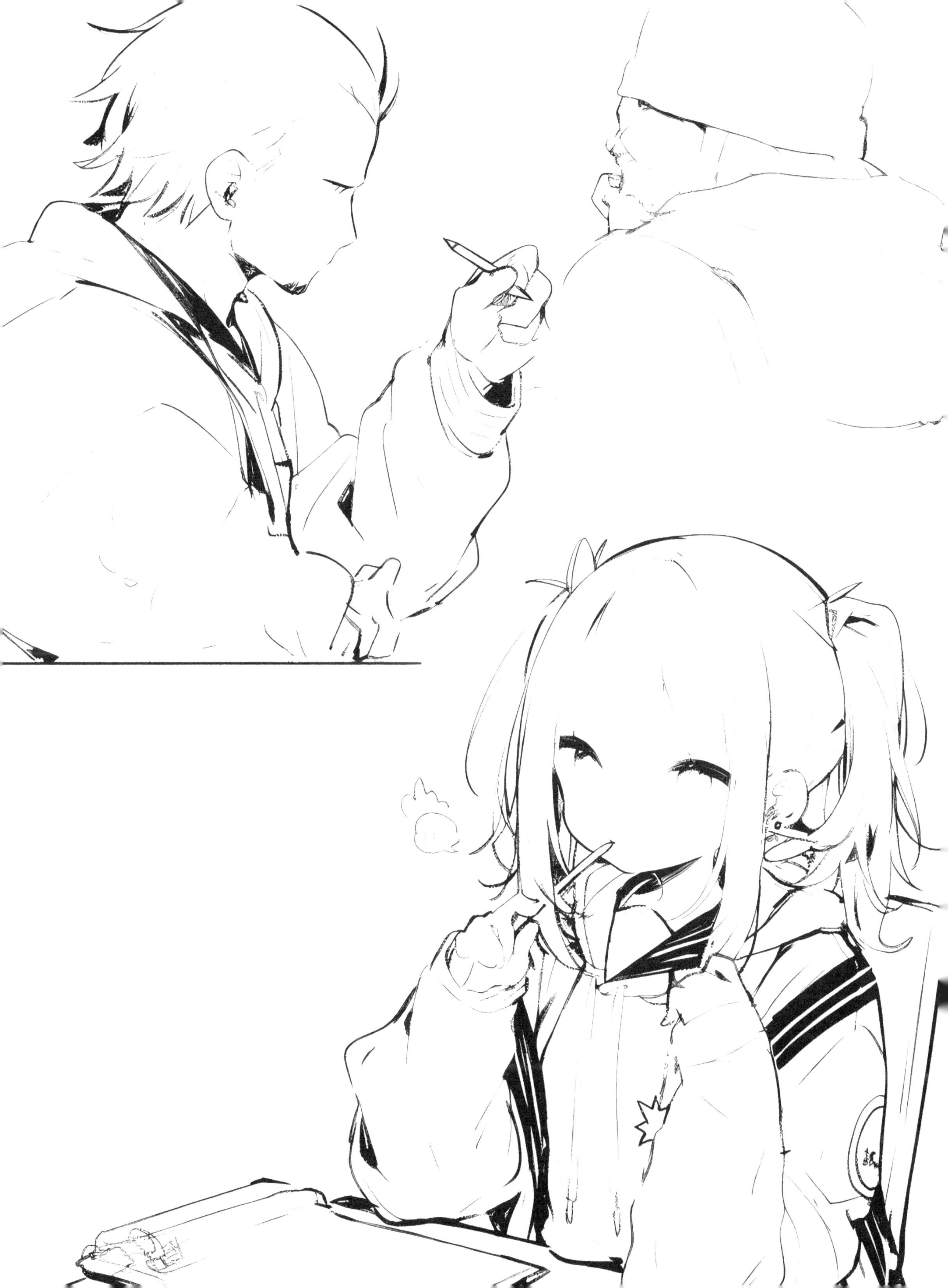

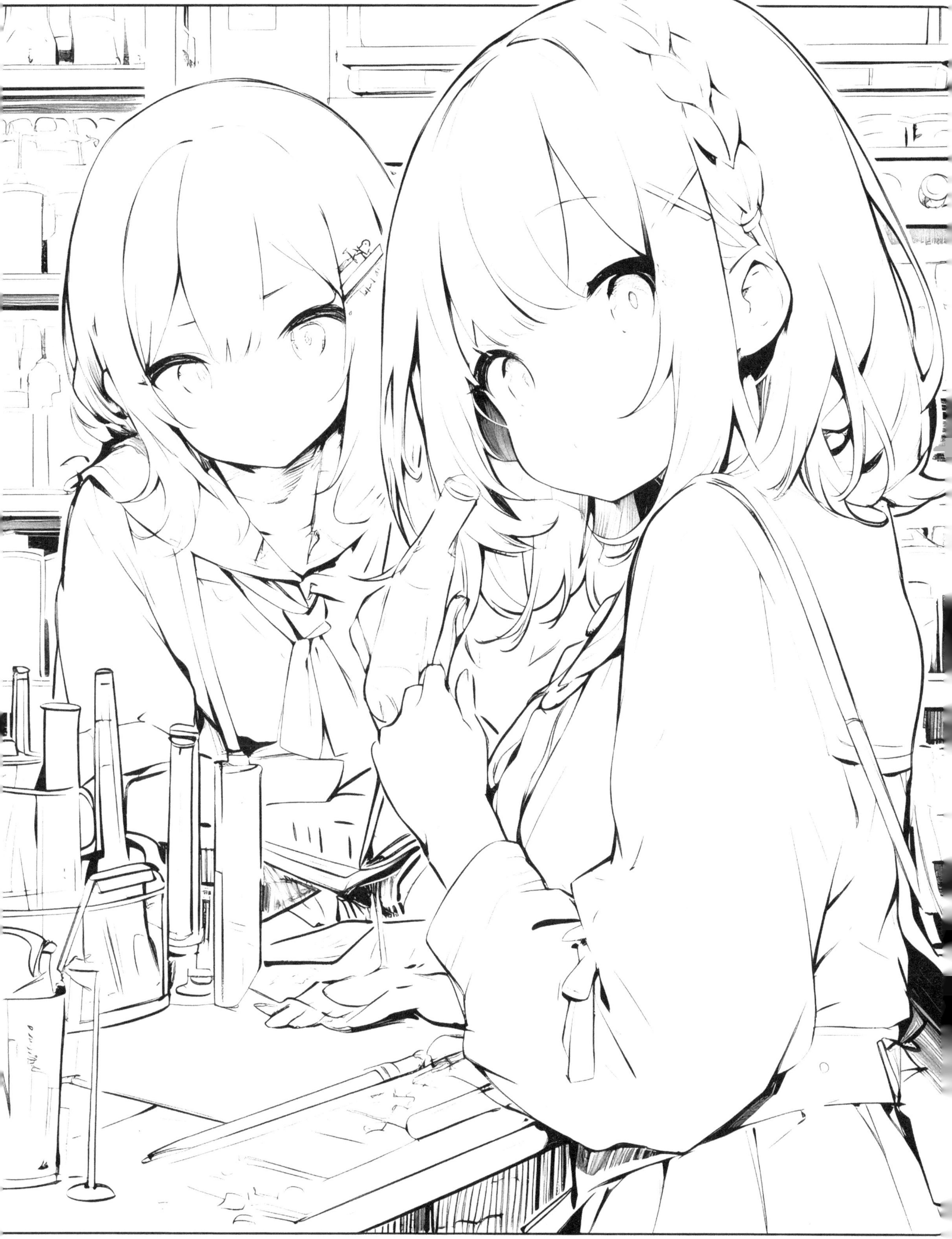

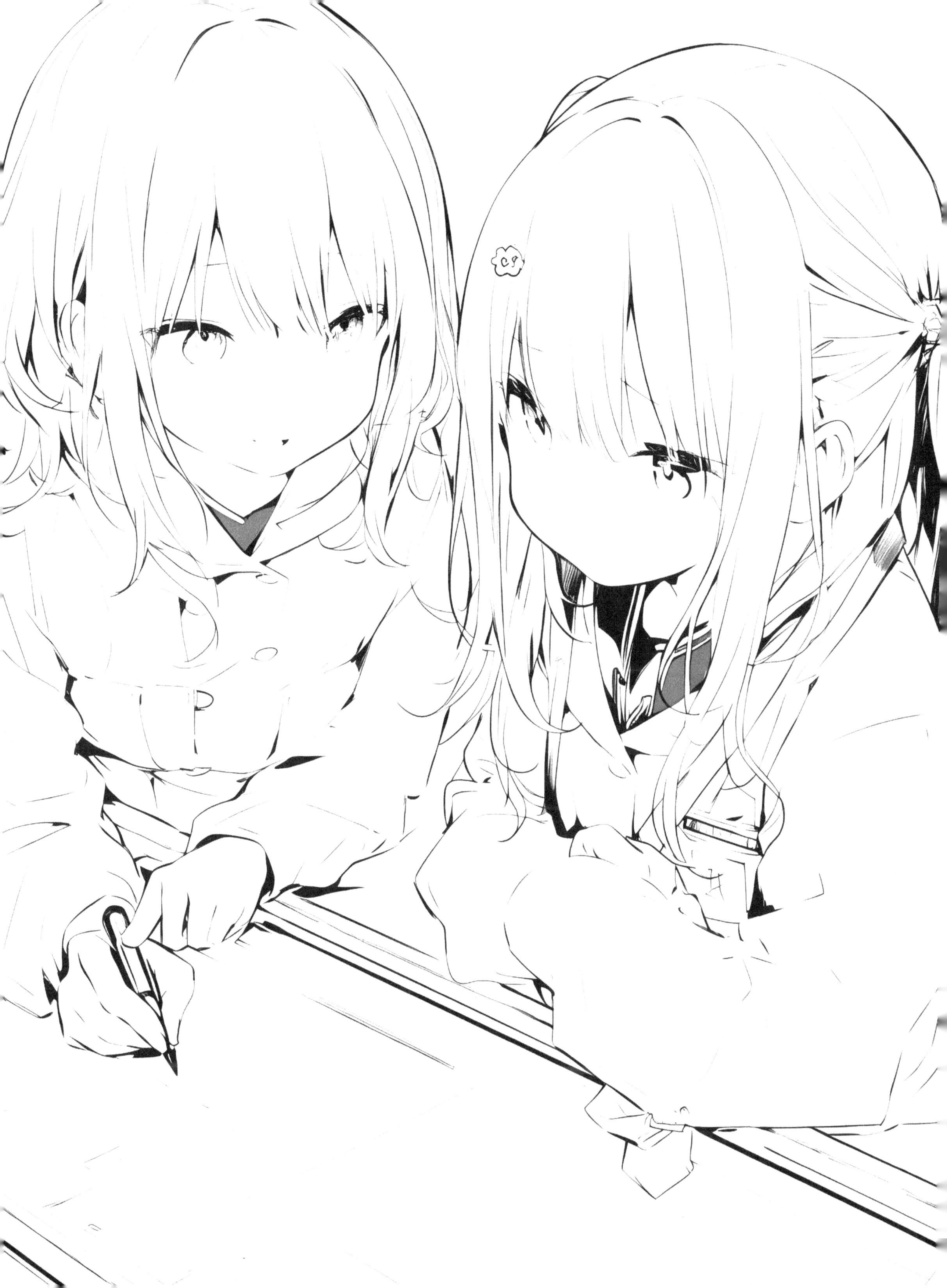

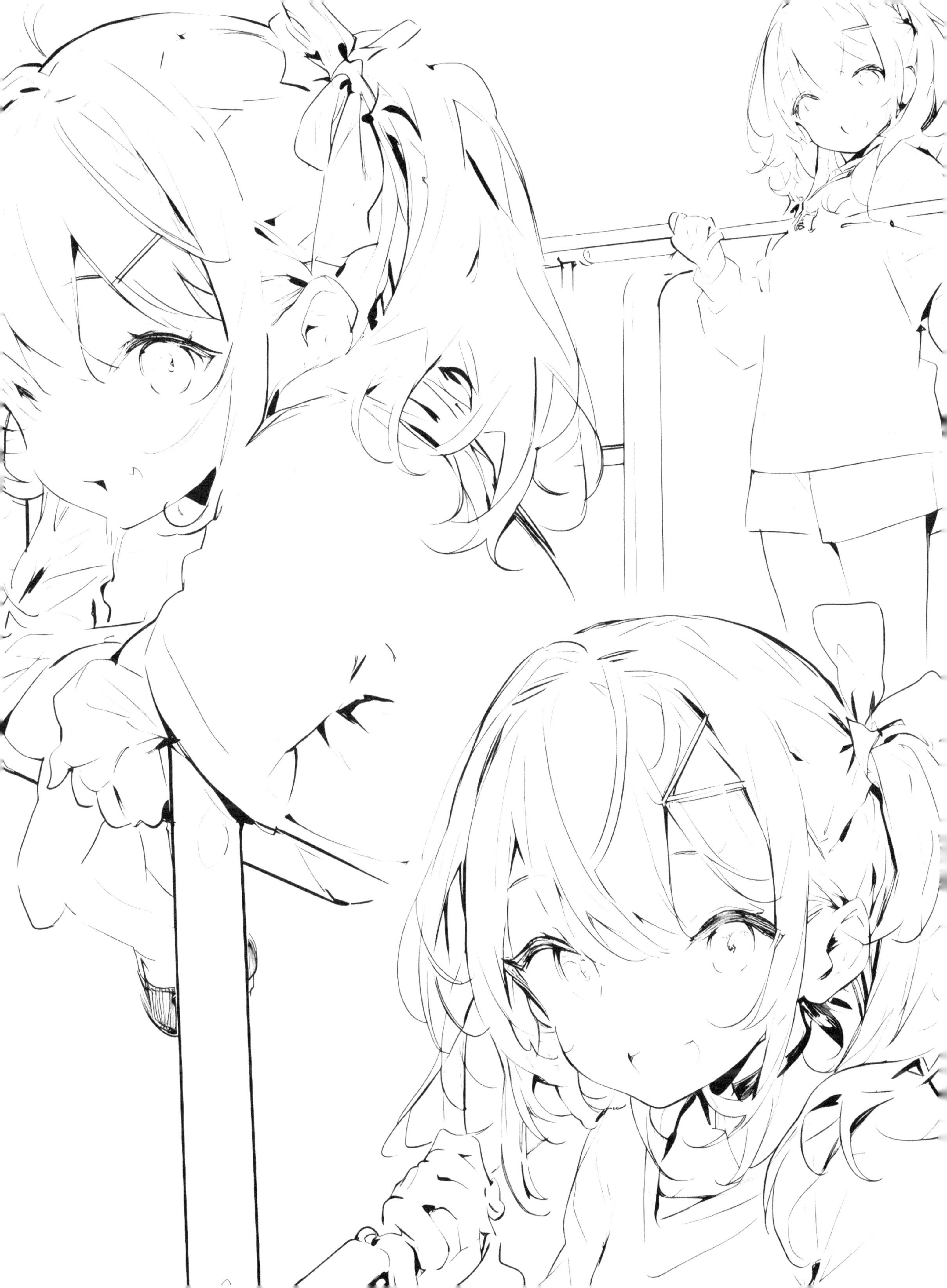

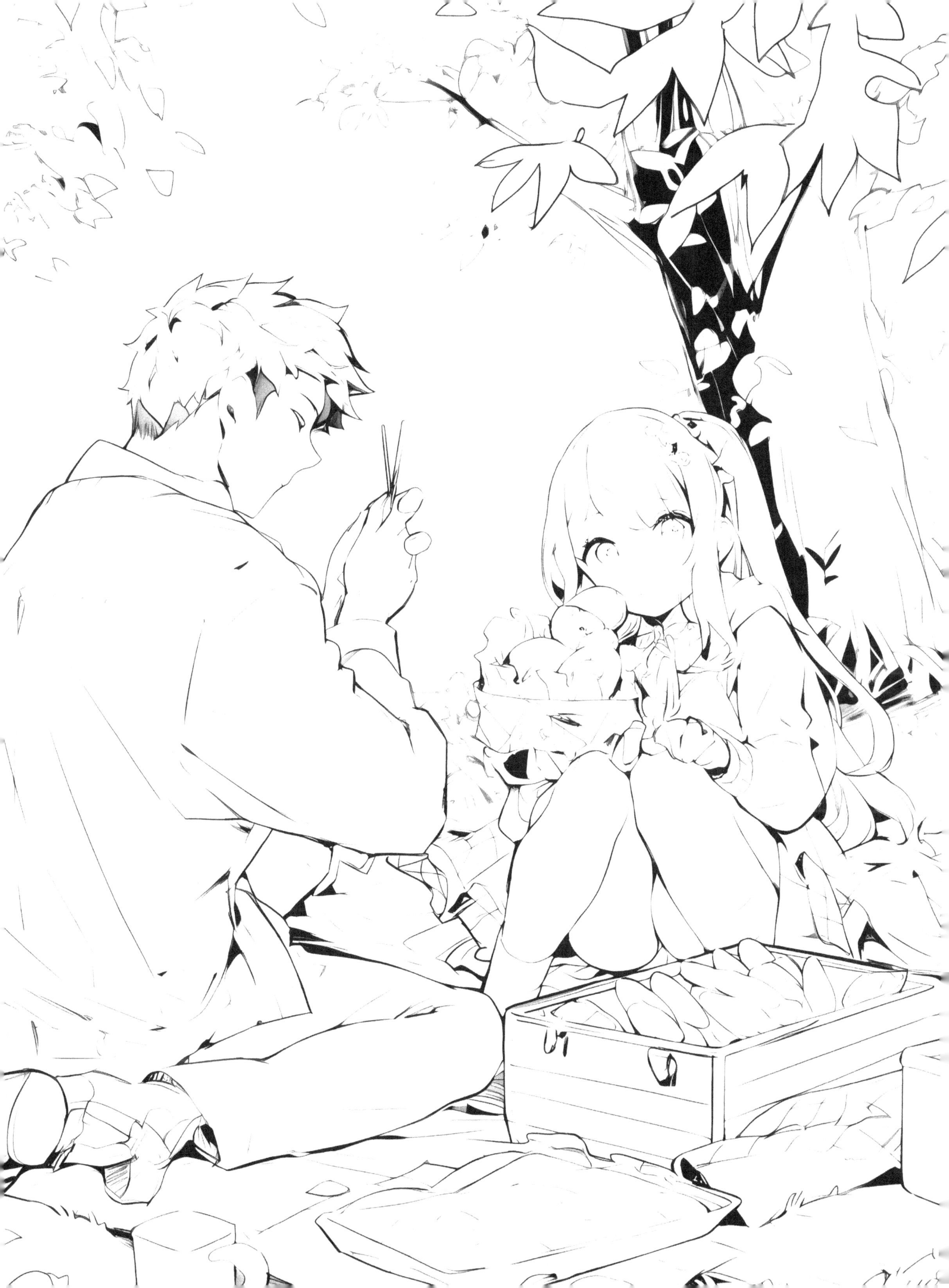

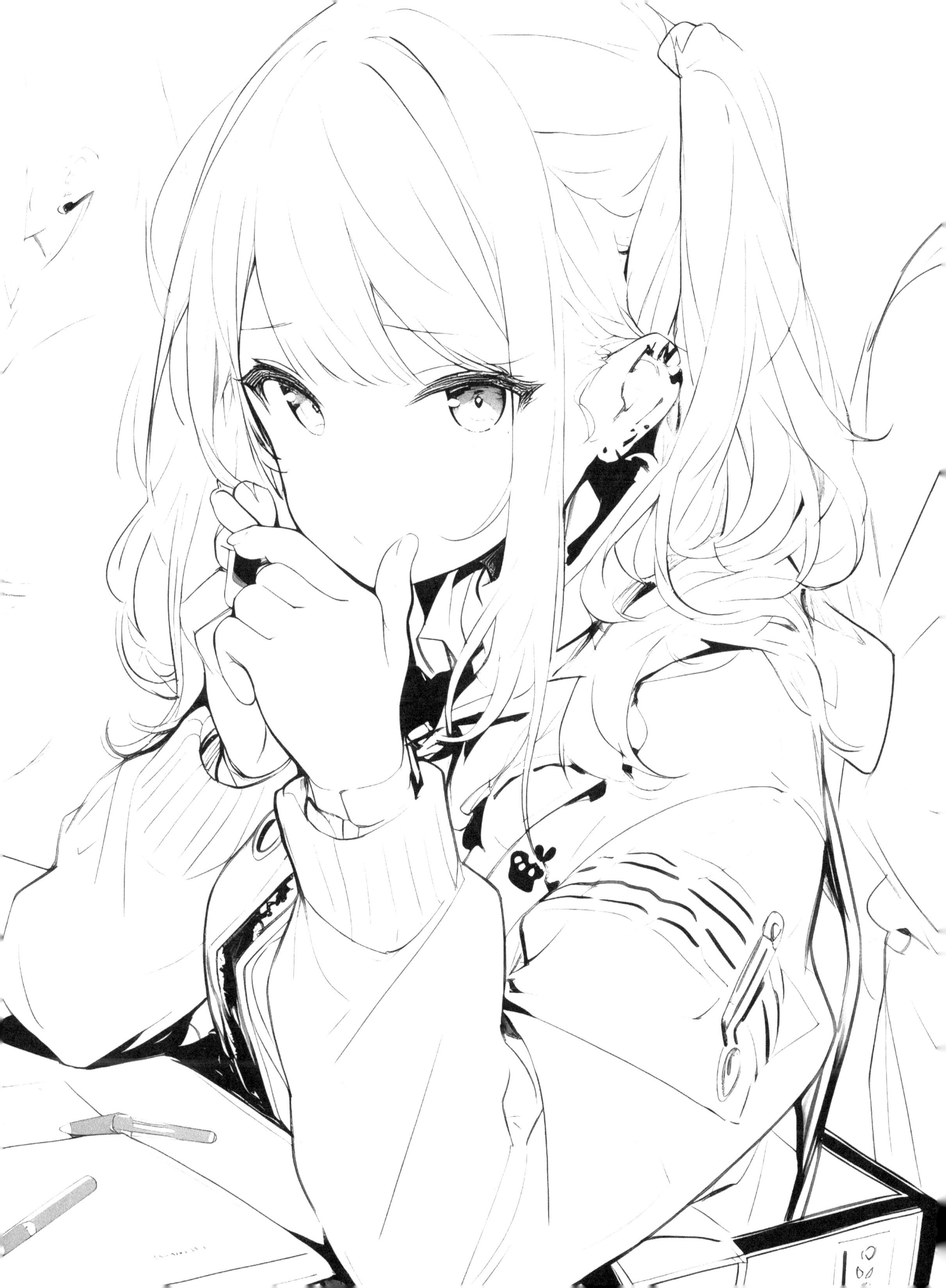

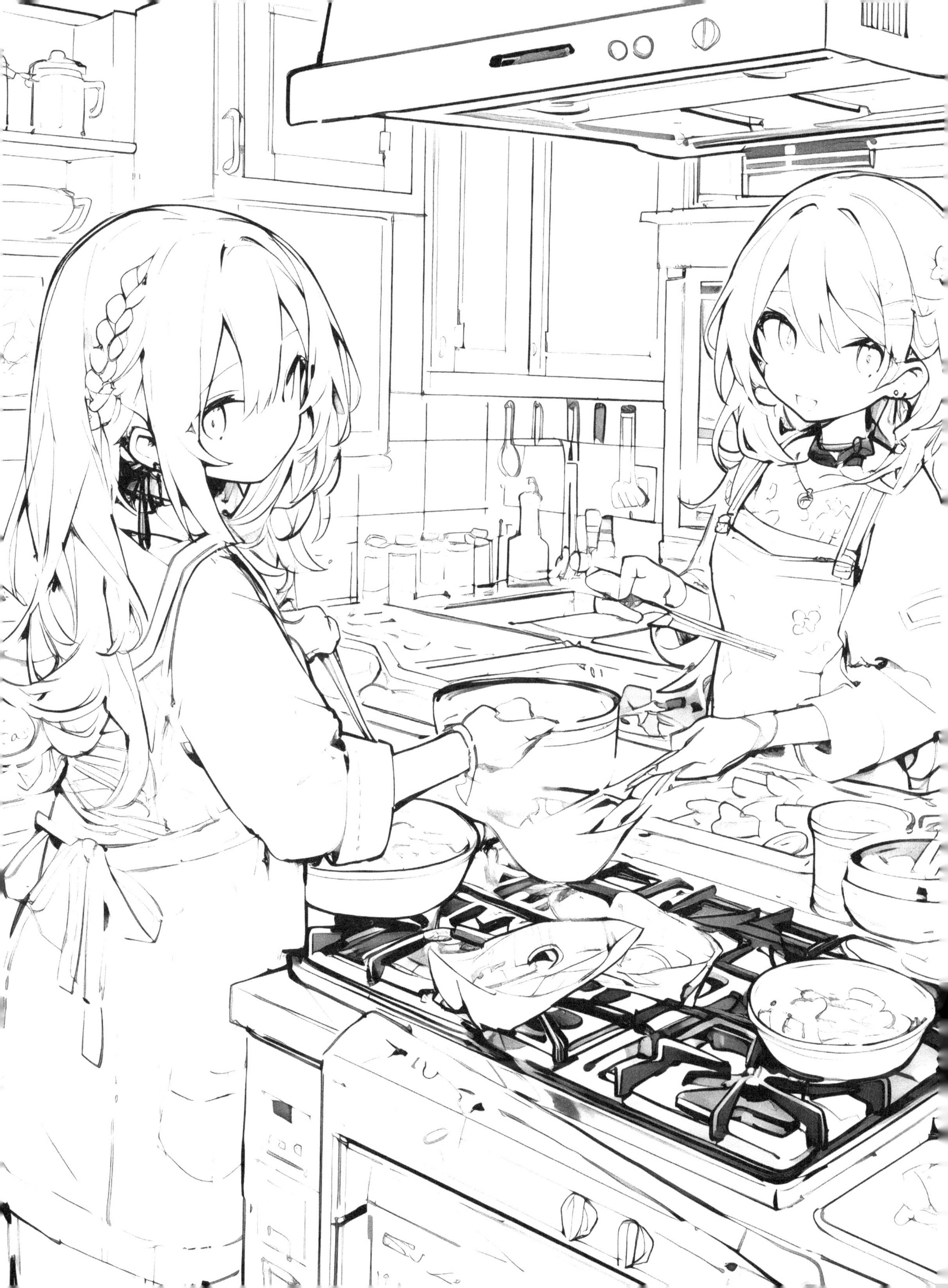

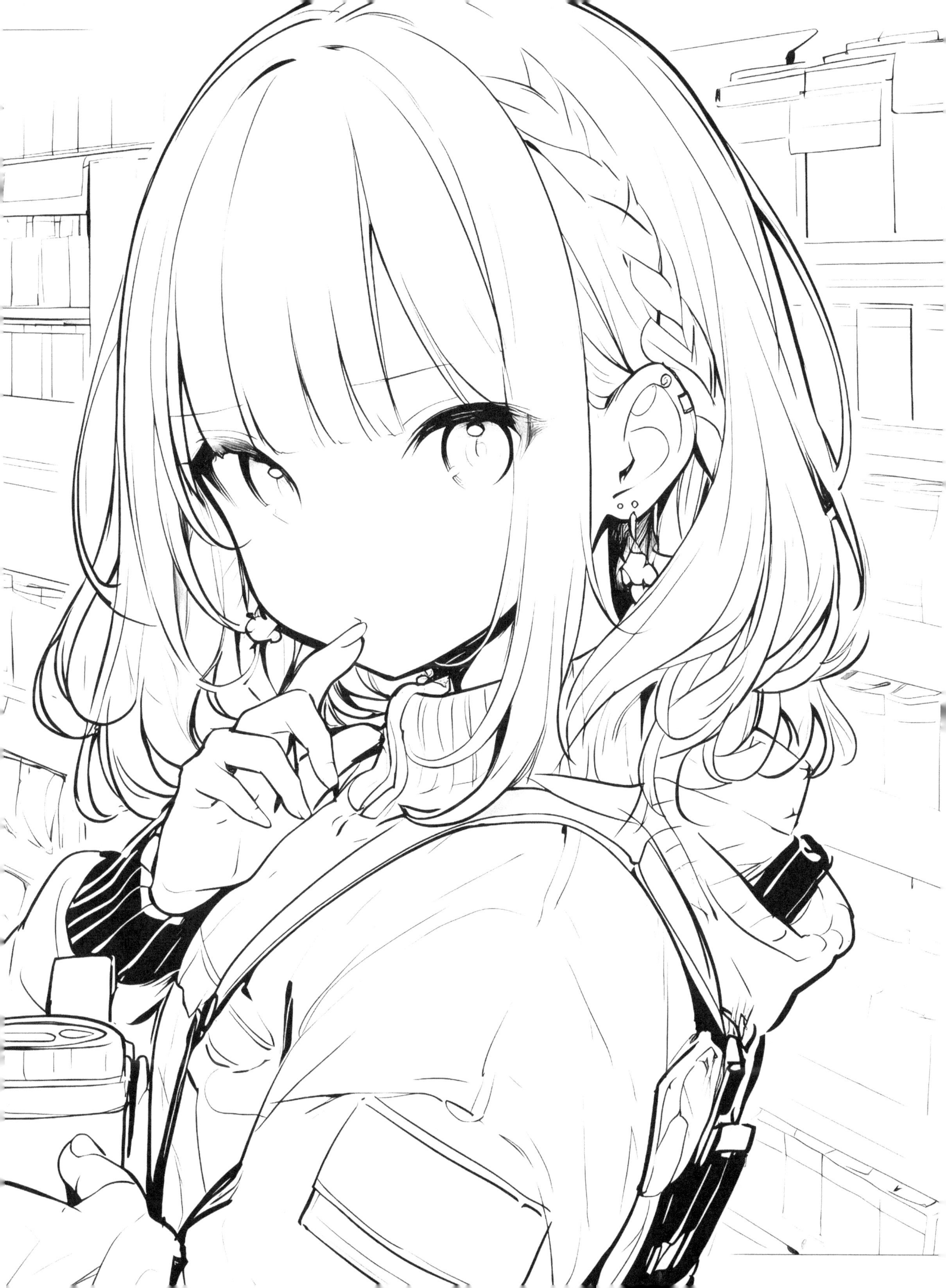

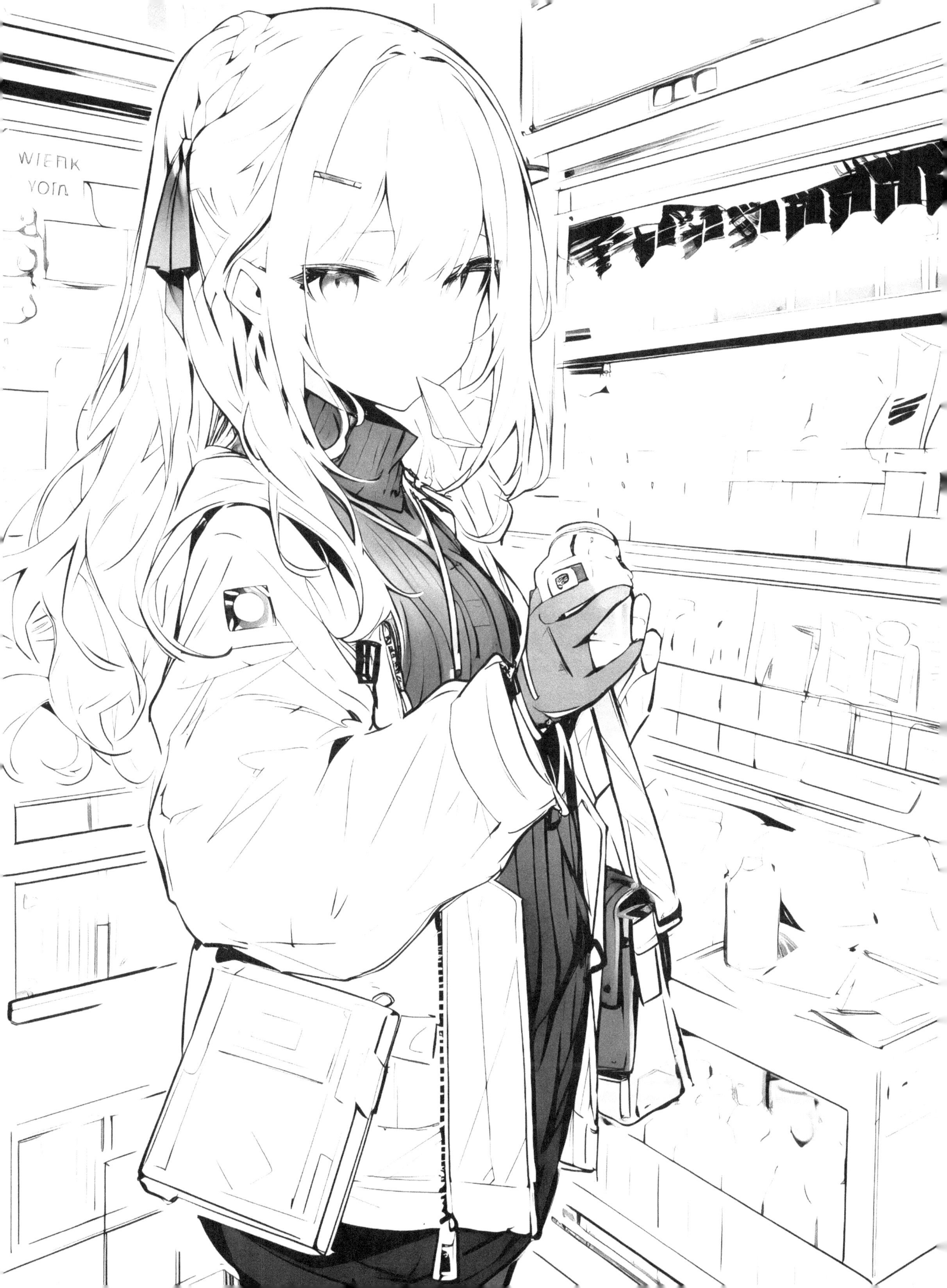
WIEnK
yorn

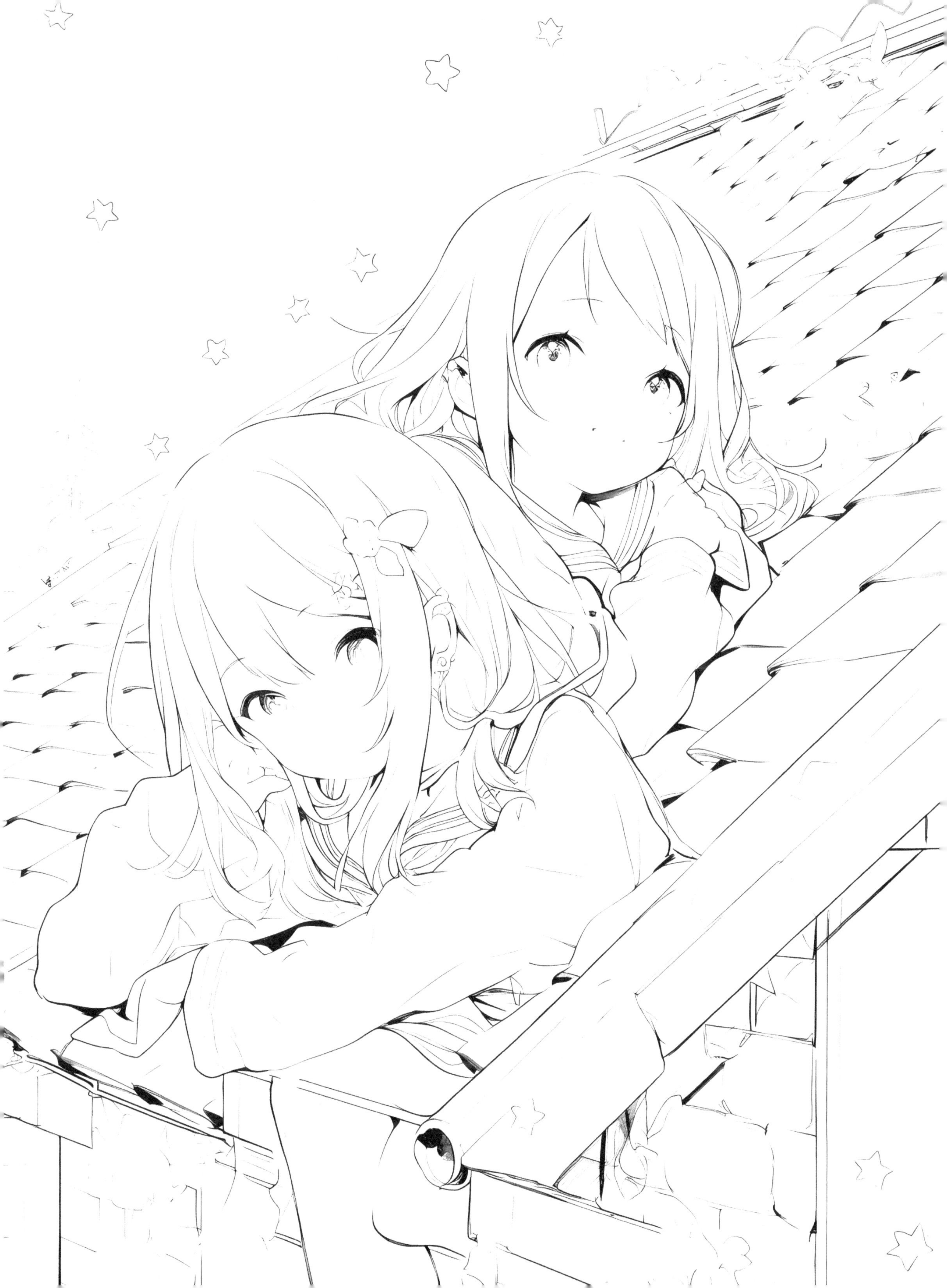

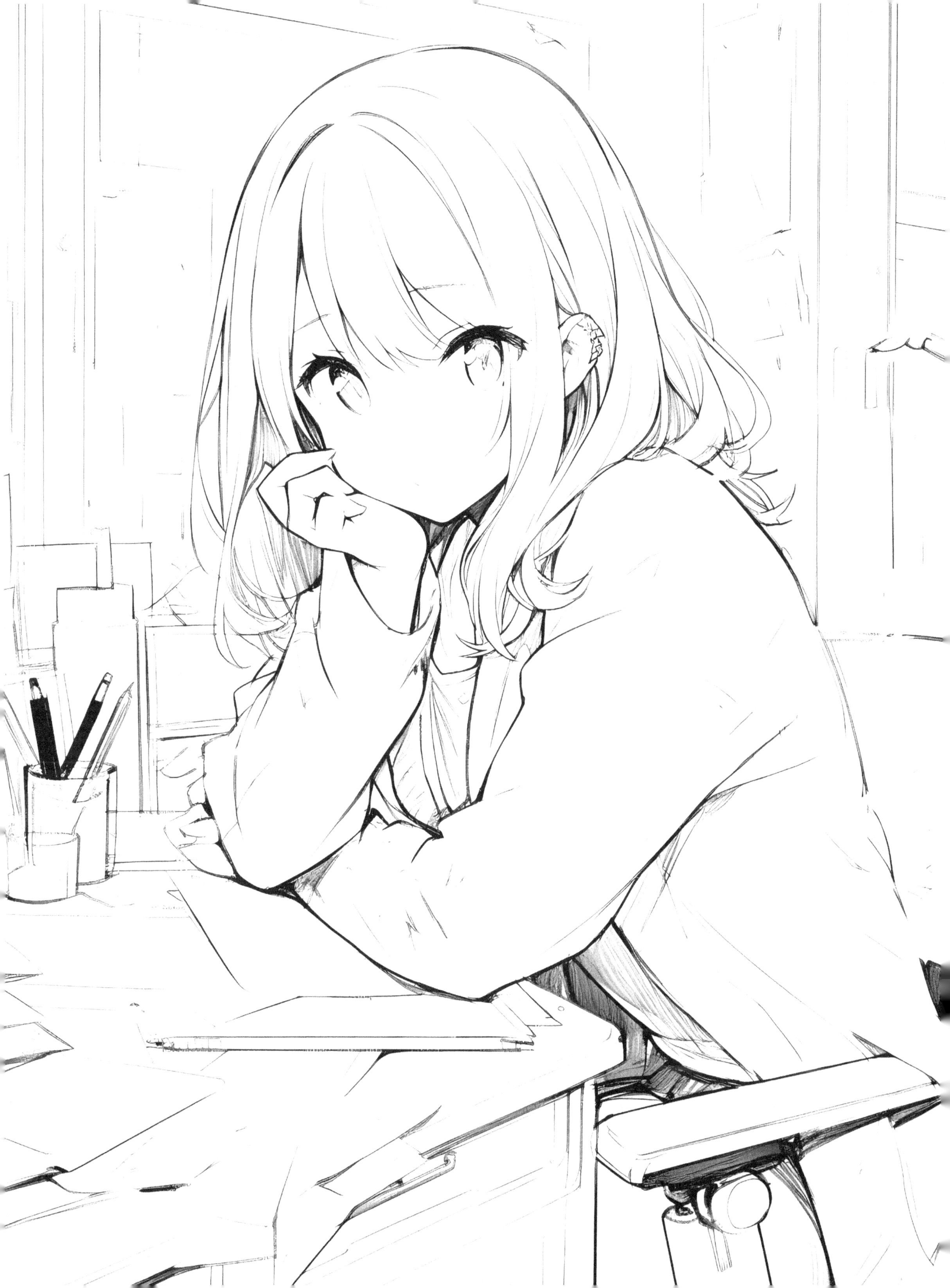

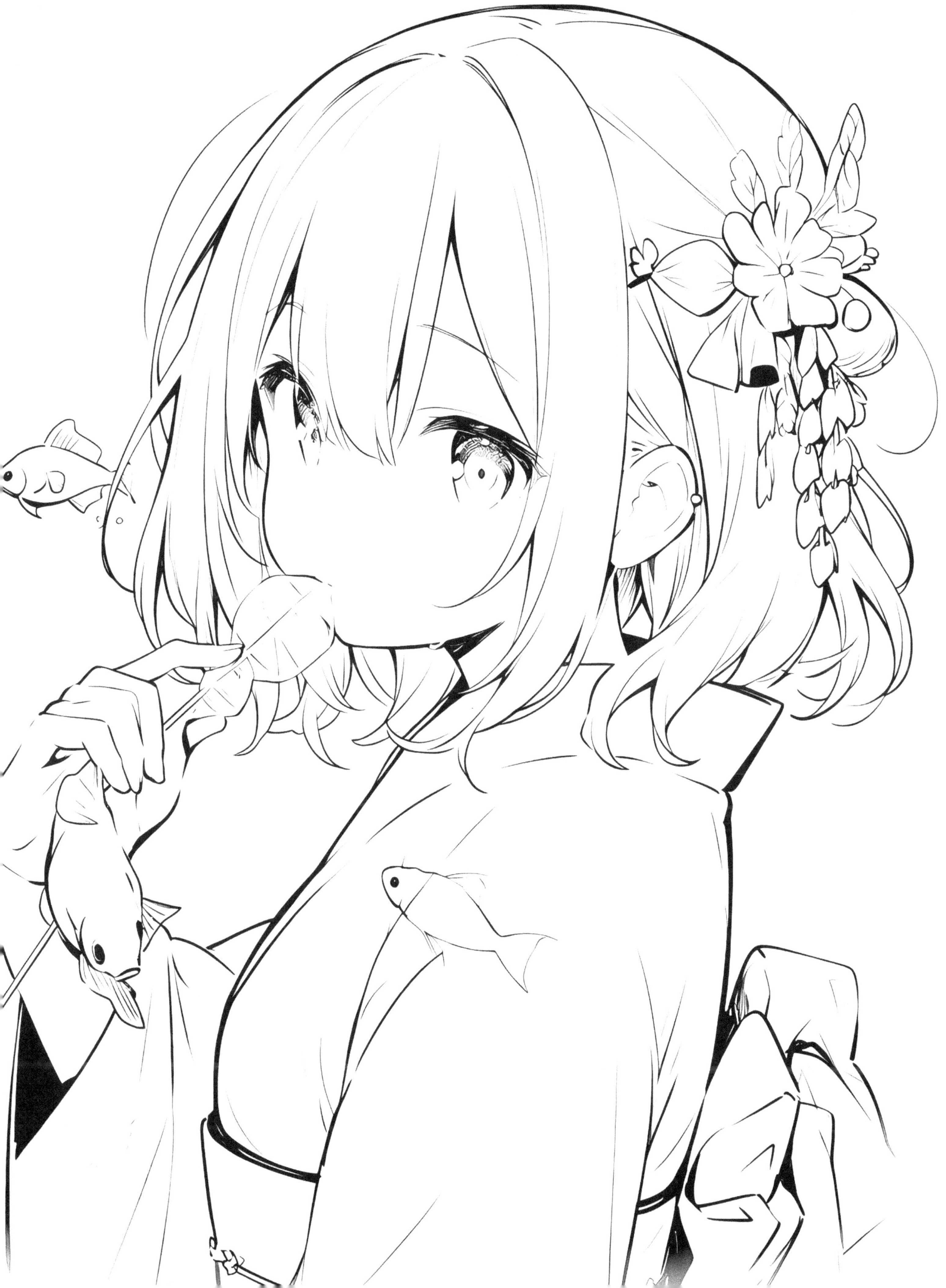

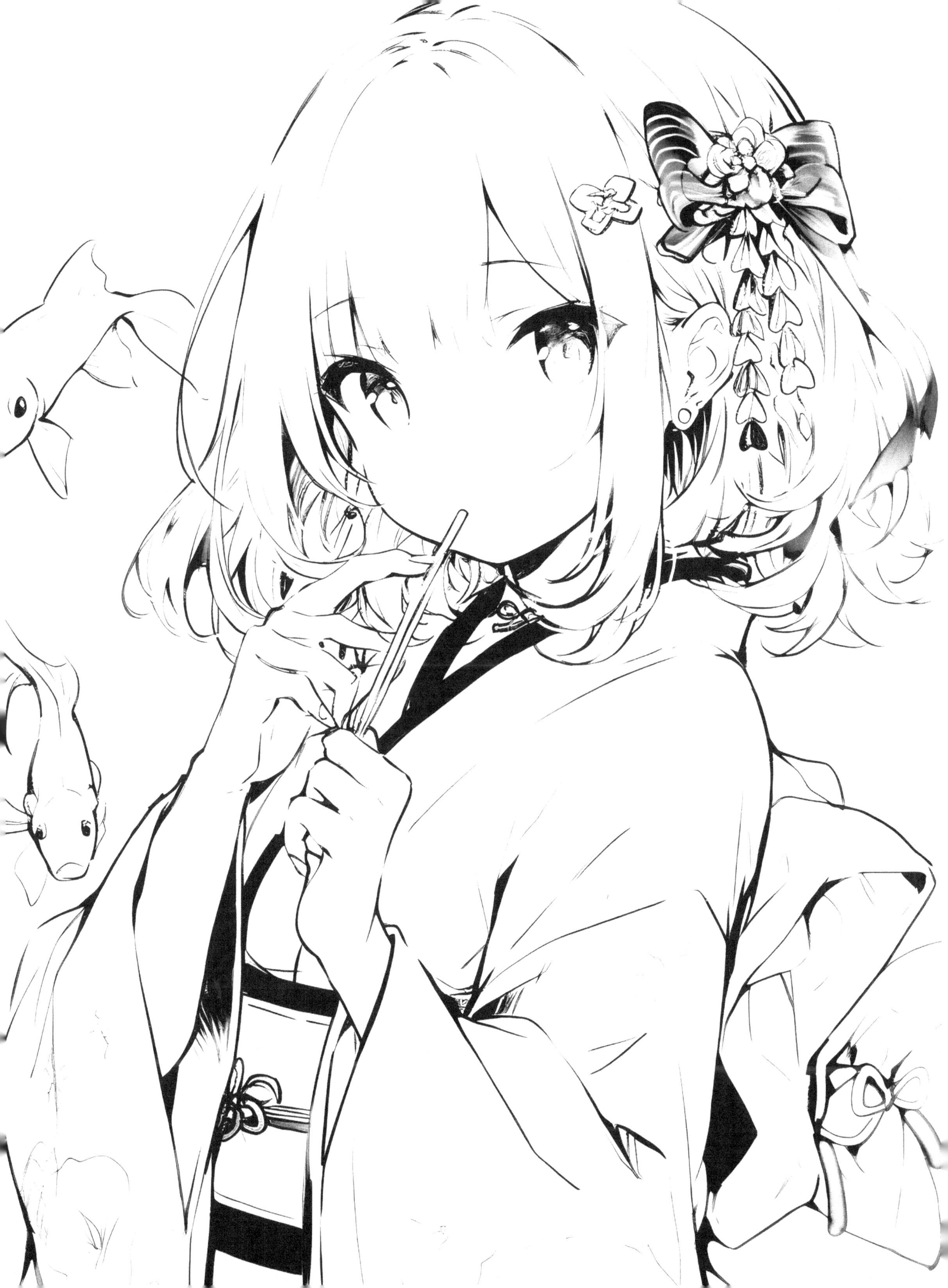

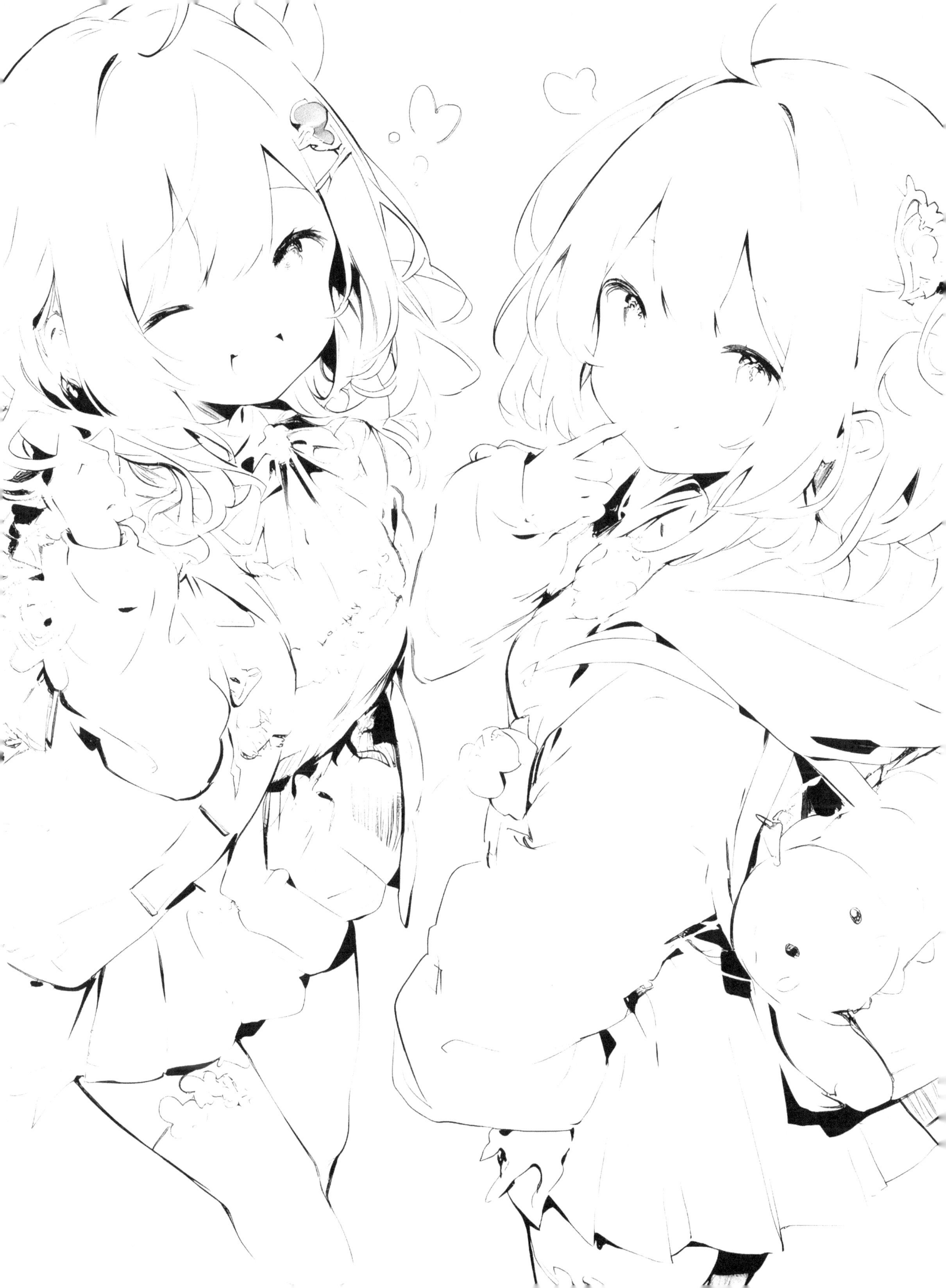

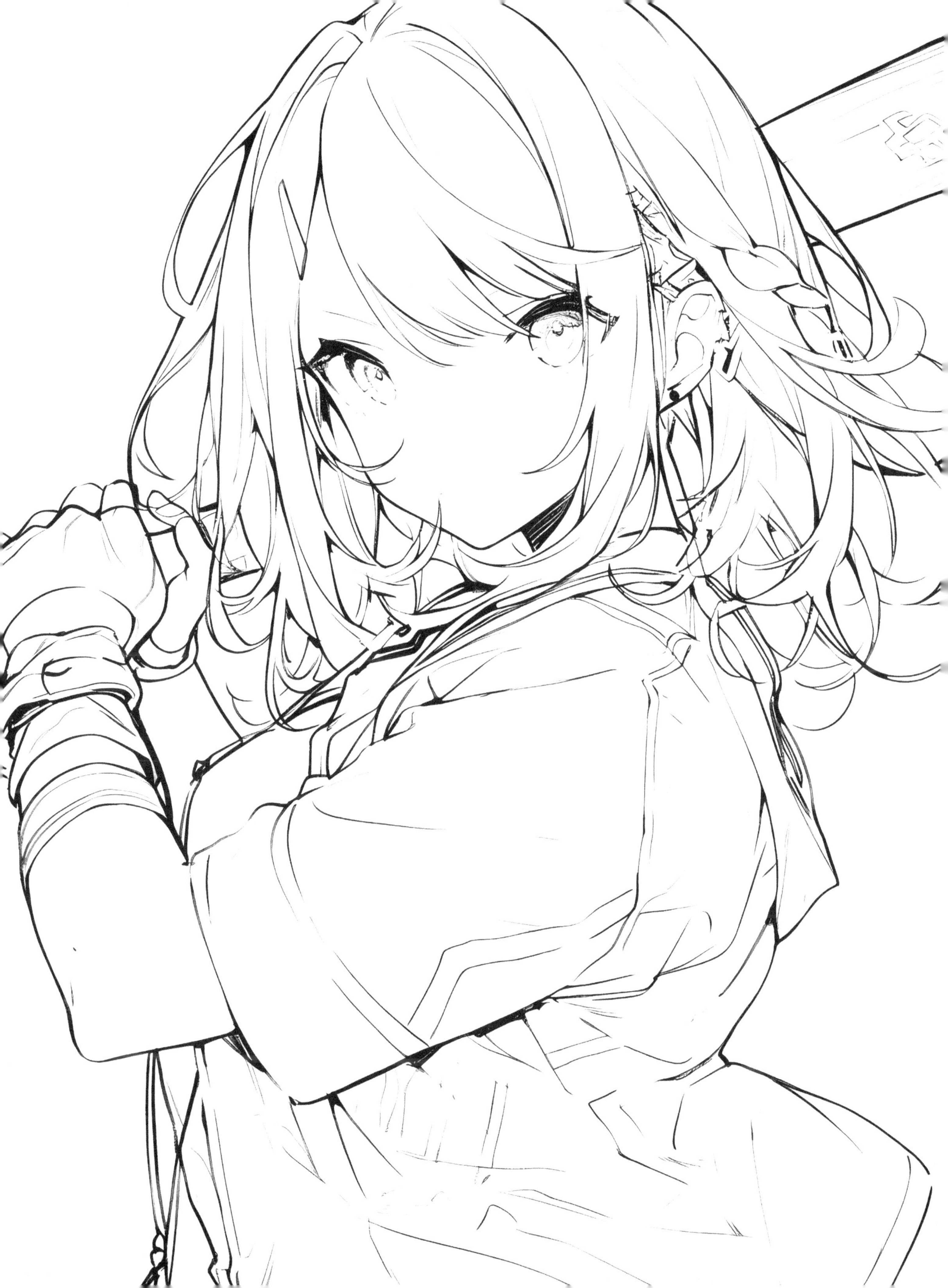

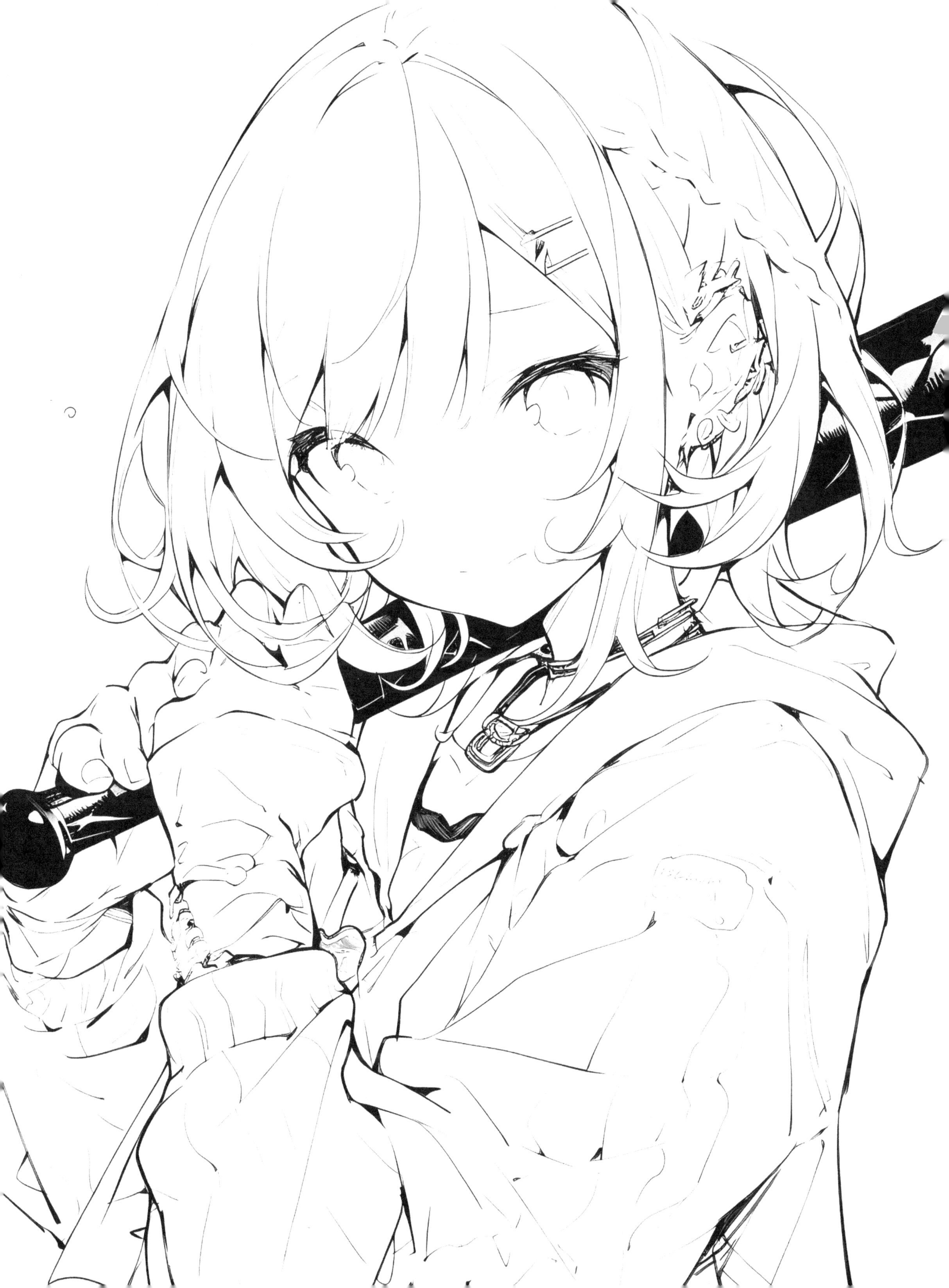

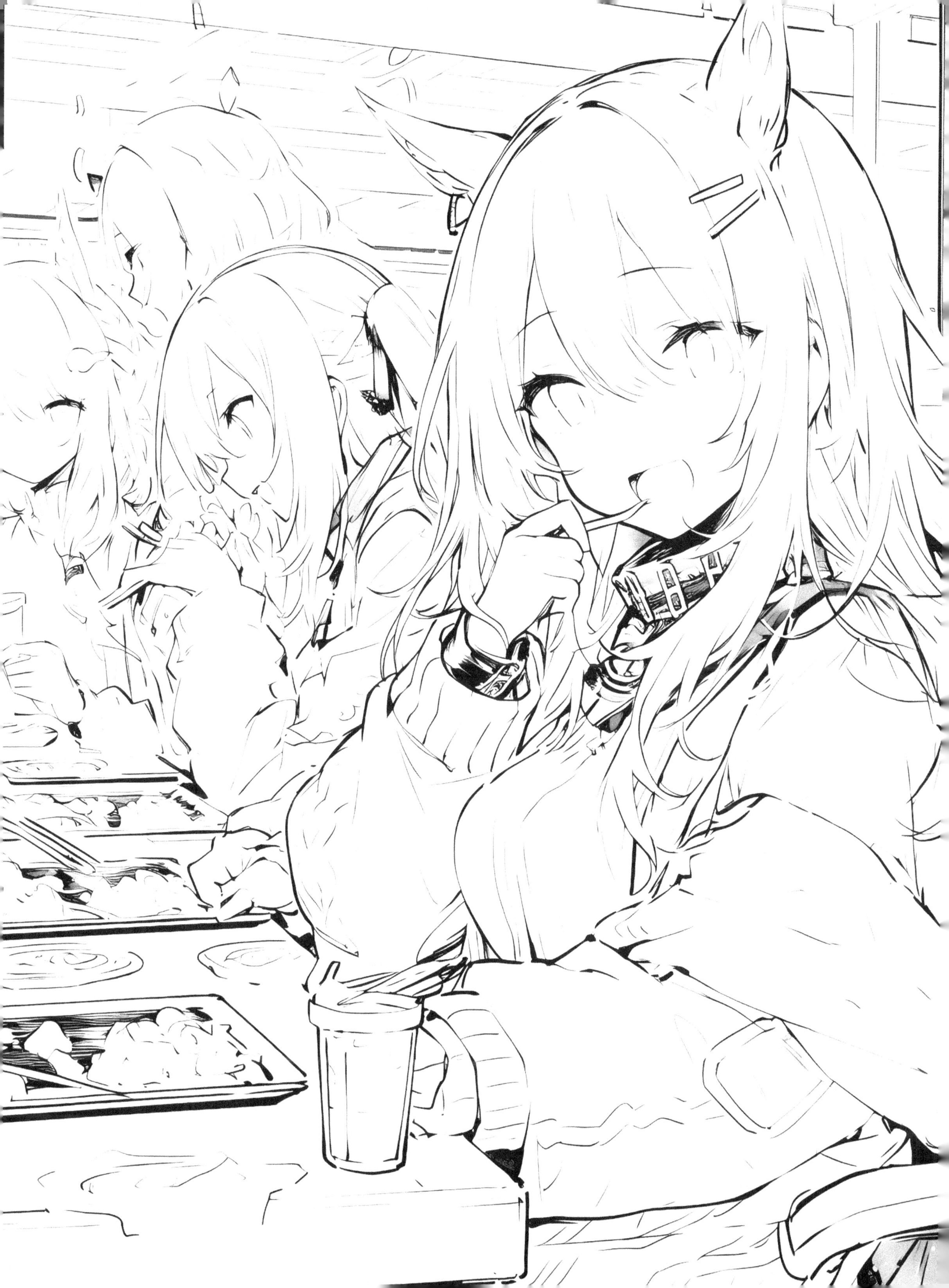

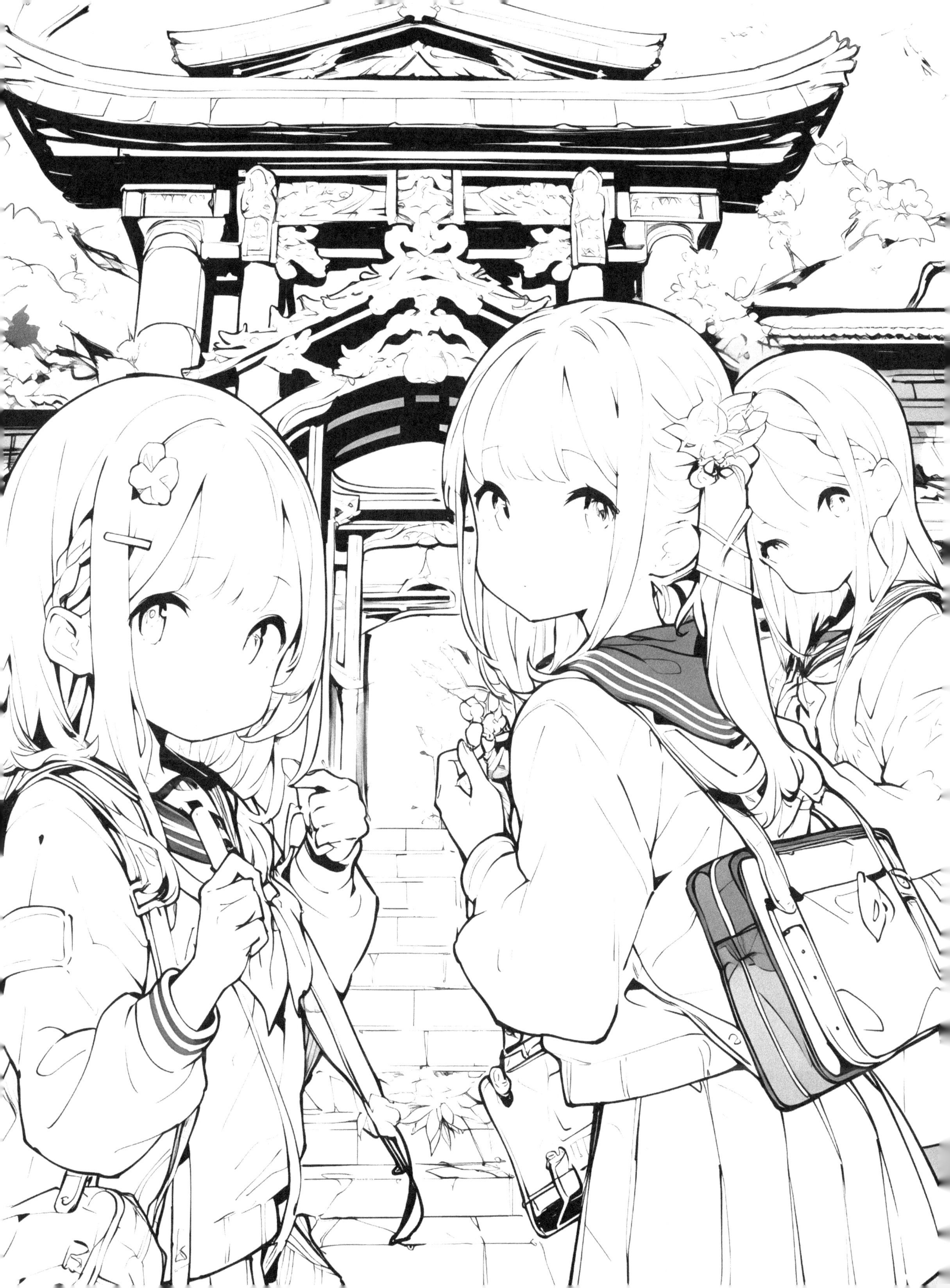

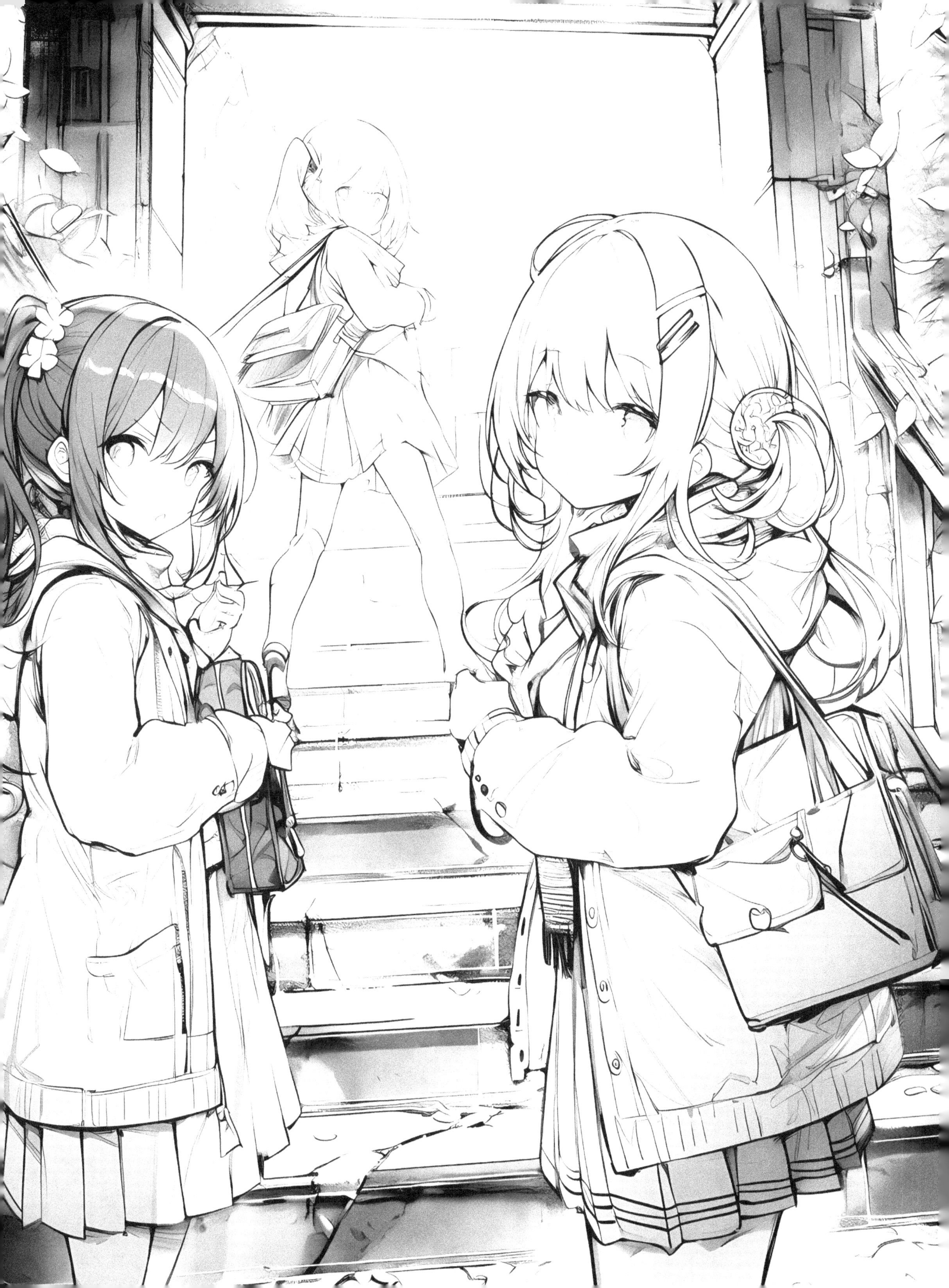

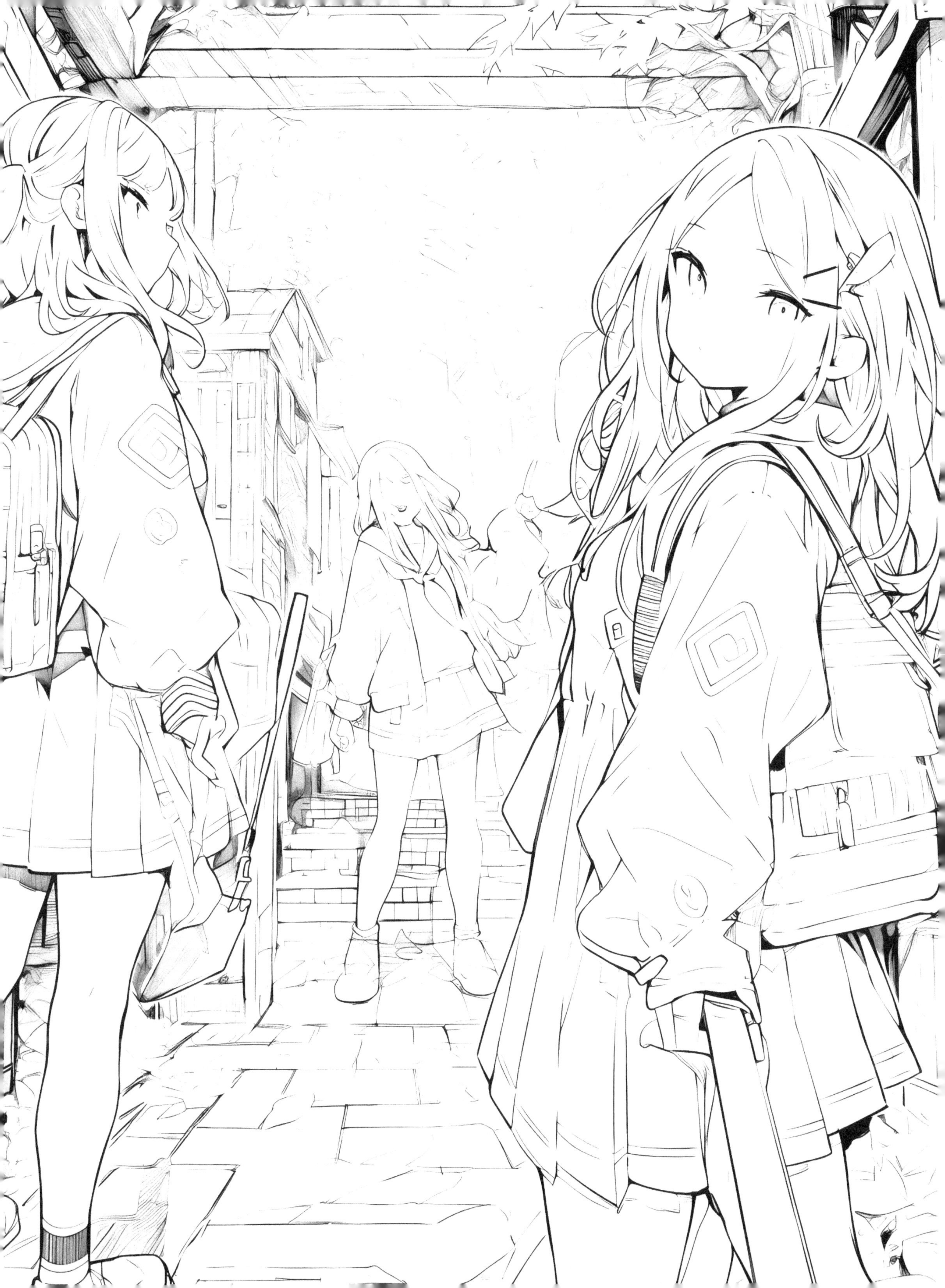

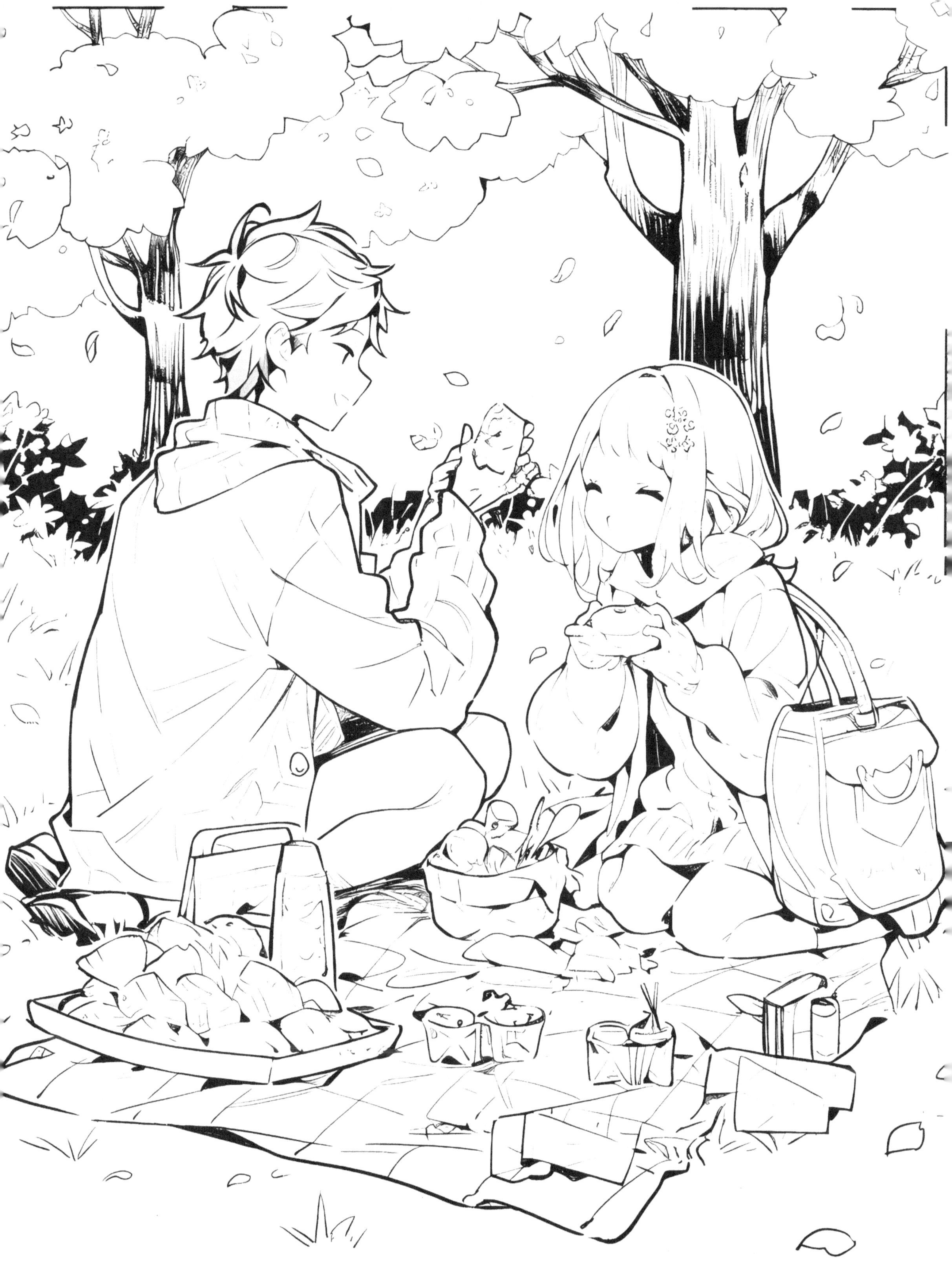

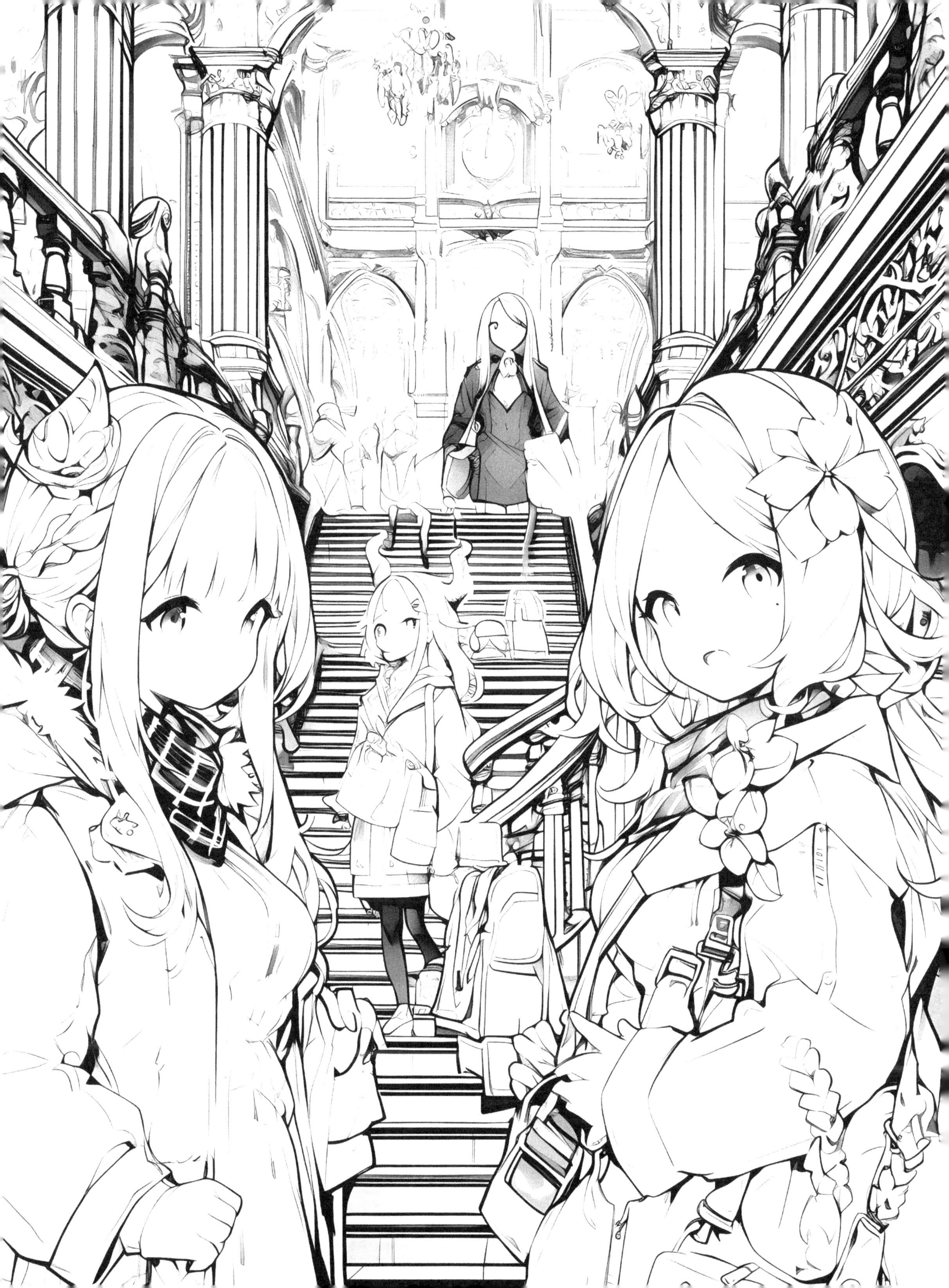